D1662551

Eva-Maria Kremer

Mein Geschichtenbuch zum Fest der Erstkommunion

Erzählungen aus aller Welt

Eva-Maria Kremer

Mein Geschichtenbuch zum Fest der Erstkommunion

Erzählungen aus aller Welt

www.bibelwerk.de

ISBN KBW 978-3-460-20863-6

ISBN rex 9783-7252-0863-0

Umschlaggestaltung, Layout und Illustrationen: Anna-Katharina Stahl, Stuttgart

Druck und Bindung in Europa

Inhalt

Vorwort

Die Erzählungen dieses Buches sind für Mädchen und Jungen geschrieben. Sie haben einen religiösen Gehalt und illustrieren Themen, die in der Vorbereitung auf die Erstkommunion wichtig sind. Dem Kind soll in diesen Geschichten klar werden, was es bedeuten kann, Gemeinschaft mit Gott zu leben.

Alle Erzählungen widerspiegeln Situationen, die Kinder von heute erleben. Auf die Darstellung historischer Leitbilder wurde verzichtet. Es geht nicht darum, eine »heile Welt« aufzubauen. Vielmehr versuchen die Geschichten modellhaft zu zeigen, wie Glaube heute gelebt wird. Das Kind soll die »großen und kleinen Christen« unserer Tage erleben und erkennen, dass dieser Glaube überall ins Leben hineingreift und den Menschen mit seiner ganzen Umwelt verwandeln kann.

Alle Erzählungen spielen in Asien, Afrika und Südamerika. Das Kind wird mit einem neuen Horizont vertraut gemacht. Es erfährt aber nicht einseitig Armut, Hunger, Unruhen oder Krieg. Es erlebt vielmehr, dass es in den südlichen Ländern viele Menschen gibt, die mit ihm den gleichen Glauben an Christus teilen und leben. Die Zukunft unserer Kirche liegt auch in diesen Ländern, wo heute bereits weit über die Hälfte aller Christen leben.

Markus Kappeler

1

Zwei Lichter in der Nacht

Maya ist die Tochter eines weissen Farmers im südlichen Afrika. Von ihrem schwarzen Kindermädchen lernt sie, was die Taufe bedeutet: leben und handeln wie Christus.

Maya ist die Tochter eines reichen Farmers. Ihre Eltern besitzen große, fruchtbare Felder und riesige Viehherden. Manchmal fährt Maya mit ihrem Vater über die Farm. Sie ist stolz, dass so viele schwarze Arbeiter und Arbeiterinnen für ihren Vater arbeiten.

Alle Angestellten auf der Farm sind schwarzer Hautfarbe. Auch Mayas Kindermädchen ist eine schwarze Afrikanerin. Maya liebt dieses Kindermädchen sehr. Es heißt Mavis. Das Kindermädchen ist ja eigentlich kein richtiges Mädchen. Es ist eine Frau, die selbst eine Familie hat. Mavis' Mann arbeitet in der Stadt. Er kommt nur selten nach Hause. Mavis' Kinder leben bei der Großmutter.

»Warum wohnt Mavis nicht mit ihren Kindern hier auf der Farm?«, fragte Maya einmal ihre Mutter. Die Mutter antwortete: »Das ist nun einmal so. Die Menschen mit schwarzer Hautfarbe sollen unter sich bleiben, die Menschen mit weißer Hautfarbe ebenfalls.«

Maya kann das nicht so recht verstehen. Mavis ist ja den ganzen Tag über nicht bei ihren Leuten. Sie kocht und wäscht auf der Farm. Sogar am Sonntag ist sie nicht bei ihren Kindern. Am Sonntag haben sie auf der Farm oft eine Party. Dann hilft Mavis die Gäste bewirten.

Jeden Tag bringt die Mutter Maya mit dem Auto in die Stadt zur Schule. Maya ist froh, weil sie nicht wie viele andere weiße Kinder in einem Internat zu leben braucht. Sie ist viel lieber auf der Farm.

Seit einigen Wochen bereitet sich Maya auf ihre erste heilige Kommunion vor. Pater Hill erteilt den Unterricht.

»Mutter, was bedeutet das, getauft zu sein?«, fragt Maya ihre Mutter einmal nach dem Unterricht. »Wir sollen darüber nachdenken.«
»Dann denk mal schön darüber nach«, sagt die Mutter. Maya gibt sich mit dieser Antwort nicht zufrieden.
»Was bedeutet es für dich, getauft zu sein?«, fragt sie weiter.
Die Mutter denkt einen Augenblick nach. Dann sagt sie kurz und bündig: »Durch die Taufe wird man ein Christ.«
Maya ist mit dieser Antwort immer noch nicht zufrieden. »Sind unsere schwarzen Arbeiter auch Christen?«, fragt sie. Die Mutter lacht.
»Ja, dein Vater und ich stellen nur Christen zur Arbeit ein. Wir wollen keine primitiven Menschen unter uns haben.«
»Es gibt aber doch auch weiße Menschen, die nicht Christen sind, sind diese Menschen auch primitiv?« Wenn Maya einmal mit der Fragerei beginnt, kann sie so schnell nicht wieder aufhören. Sie wartet keine Antwort ab, sondern fragt weiter: »Mutter, warum gibt es eigentlich weiße und schwarze Menschen auf der Welt?«
»Das hat Gott so gewollt«, erklärt die Mutter. »Er will, dass die schwarzen Menschen den weißen Menschen dienen.«
»Der Pater hat es im Religionsunterricht aber anders gesagt«, widerspricht Maya. Sie merkt, dass die Mutter ärgerlich wird. Auf ihrer Stirn stehen zwei gefährliche Falten.
Zum Glück kommt in diesem Augenblick Tom, der Hausboy. Mayas Mutter geht mit ihm in den Garten.
Maya verschwindet in die Küche. Dort arbeitet Mavis.

Früher, als Maya noch klein war, hat Mavis sie auf dem Rücken getragen, sie hat mit ihr gespielt, gelacht und gesungen. Maya kann sich das Leben ohne Mavis nicht vorstellen. Die Mutter ist zu beschäftigt, sie hat nicht viel Zeit für ihre Tochter. Mayas Mutter muss oft in die Stadt. Dort geht sie in den Club, spielt Tennis oder besucht das Theater. Mavis hingegen ist immer da, wenn Maya sie braucht.

Mavis schiebt gerade einen Kuchen in den Ofen, als Maya die Küche betritt.
»Da bist du ja, Kleine!«, ruft sie fröhlich.
Maya liebt Mavis schon allein wegen ihrer steten Fröhlichkeit.
»Darf ich meine Schularbeiten bei dir in der Küche machen?«, fragt sie, obwohl sie weiß, dass die Mutter das nicht gern sieht. Maya hat ein eigenes, schönes Zimmer mit einem kleinen Schreibtisch. Aber sie fühlt sich in dem Zimmer nicht so recht glücklich. In der Küche bei Mavis ist es viel gemütlicher.

»Ich mache dir eine Ecke auf dem Küchentisch frei«, ruft Mavis und räumt Zucker, Mehl und Rosinen zur Seite.
»Mavis, bist du getauft?«
»Ja, kleine Maya, ich bin getauft.«
»Und was bedeutet das?«
Mavis denkt nach. Sie reibt sich die Stirn. Das tut sie immer, wenn sie nachdenkt.
»Taufen, das hat etwas mit Eintauchen zu tun, so sagte man uns damals im Unterricht. Wir tauchen in Christus ein. Das ist schwer zu verstehen. Weißt du, Maya, wer getauft ist, muss sich bemühen, so zu denken und so zu handeln wie Jesus Christus. Das ist oft schwer, aber es ist auch schön.«

Am nächsten Tag berichtet Maya ihrer Mutter, was Mavis über die Taufe gesagt hat. Zu ihrer Verwunderung freut sich die Mutter aber gar nicht.
»Wie oft soll ich dir noch sagen, dass du nicht so viel in der Küche bei Mavis sein sollst«, fährt sie Maya an. »Wenn ein weißes Kind größer wird, hat es gegenüber den Schwarzen Abstand zu wahren. Mavis' Platz ist unter den Schwarzen. Dein Platz ist unter den Weißen. Sei ein gehorsames Kind.«

Von jetzt an wagt Maya kaum mehr, in die Küche zu gehen. Mavis, das alte Kindermädchen, ist traurig darüber. Wenn sie das kleine Mädchen zufällig trifft, sagt sie nicht mehr »mein Liebling« zu ihr, sondern »kleines Fräulein«. Sie macht auch keinen Scherz mehr, sondern geht schnell weiter.

Auch Maya freut sich über nichts mehr. Sie vermisst Mavis und fühlt sich allein.
Die Mutter merkt es. »Wir werden Thompsons besuchen«, tröstet sie das kleine Mädchen. »Dort sind weiße Kinder, und du kannst mit ihnen spielen.«
Maya freut sich auf die Spielgefährten.
»Wann fahren wir?«
»Samstagnachmittag. Bei Thompsons wird es eine Gartenparty mit Beleuchtung geben.«
»O fein!« Maya freut sich jetzt wirklich.

Doch dann kommt alles so ganz anders, als Maya und ihre Mutter es sich gedacht hatten.

Sie sind kaum eine Stunde gefahren, da gibt es einen Knall. Der Reifen ist geplatzt. Das Auto kommt von der Fahrbahn ab und landet im Straßengraben. Maya wird gegen die Tür des Wagens

geschleudert. Ihr Knie blutet. Es ist aber keine tiefe Wunde. Mutter und Tochter haben nur einige Kratzer abbekommen.

Wie aber sollen sie jetzt weiterkommen?
Weit und breit ist kein Haus in Sicht.
»Kannst du gehen?«, fragt die Mutter und blickt auf Mayas Knie.
»Wir können nicht hierbleiben. Wir müssen zu Fuß weiter.«
Maya nickt. Sie kann gehen. Aber nach einer halben Stunde auf der staubigen Straße wird sie müde. Fast ohne Übergang ist die Nacht hereingebrochen. Maya fürchtet sich. »Was machen wir, wenn wir kein Haus finden?«
»Ich weiß es auch nicht«, antwortet die Mutter. Ihre Stimme klingt gedrückt. In der Dunkelheit kommen die beiden nur schlecht voran. Als sie nochmals eine halbe Stunde lang gegangen sind, ruft Maya: »Mutter, schau! Zwei Lichter in der Nacht!«
Es sind Hütten von Schwarzen.
»Dort wohnt Mavis«, ruft die Mutter erleichtert. »Sie wird uns weiterhelfen.«
Mavis? Maya wird neugierig. Noch nie hat sie die Wohnung ihres Kindermädchens gesehen.

Mavis ist erstaunt, als die beiden plötzlich vor ihrer Hütte stehen. Sie fragt nicht viel, sondern holt Wasser und Seife, damit sich ihre Gäste den Schmutz abwaschen können.
Als sie Mayas Knie sieht, sagt sie nicht »kleines Fräulein«, sondern ruft: »Ach, meine arme Kleine. Du bist ja verletzt.« Maya blickt sich in der Hütte um. Da stehen nur ein altes Bett, ein Kasten, ein Tisch, zwei Stühle und ein Ofen. Das Wasser schöpft Mavis aus einem Eimer. Es gibt auch kein elektrisches Licht. Der Schein einer Öllampe hat sie hergelockt. Telefon gibt es in der ganzen Gegend auch nicht.

»Wir sind arm«, sagt Mavis. »Aber mein Bruder, er wohnt nebenan in einer Hütte, wird mit dem Fahrrad zur nächsten Station fahren und Hilfe holen.« Dann kocht Mavis Tee und serviert ihn in großen weißen Tassen.

Maya fühlt sich plötzlich sehr glücklich. In Mavis' Nähe ist es genau so, wie es immer war, als sie noch klein war. Ohne es zu wollen, sinkt ihr der Kopf immer tiefer. Bald ist sie eingeschlafen.
»Arme Kleine«, hört sie Mavis noch sagen. Dann merkt sie nur noch, wie sie auf ein Bett gelegt wird. Sie wird erst wieder wach, als ein Mann sie hochhebt und in ein Auto trägt.

Mayas Mutter gibt Mavis zum Abschied nicht die Hand, aber sie sagt sehr freundlich: »Mavis, ich danke dir.«
»Das ist doch selbstverständliche Christenpflicht«, antwortet Mavis, und Maya erinnert sich an die Erklärung des Kindermädchens: Taufe, das bedeutet, so zu handeln wie Jesus.

Schwester, ich will beichten

Ein sterbender Häuptling in Uganda will beichten. Es ist aber kein Priester da. Er findet einen Weg, sich mit Gott zu versöhnen.

Das kleine Pfarrhaus neben der Kirche St. Joseph stand leer. Die Fenster waren verstaubt und schmutzig. Die Haustür hatte keine Farbe mehr. Jedesmal, wenn John Mpombe, der Messdiener, hier vorbeikam, wurde er traurig. John war mit elf Jahren Messdiener geworden. Vor sechs Monaten war der alte Pfarrer gestorben. Seitdem hatten sie keine heilige Messe mehr gehabt. Ein halbes Jahr lang stand nun das Pfarrhaus leer. Niemand konnte sagen, wann ein neuer Pfarrer kommen wird.

»Wir müssen an den Bischof schreiben«, hatte Johns Vater gesagt. Mit einigen anderen Männern zusammen setzte er einen Brief auf. In diesem Brief stand: »Die Leute werden ungeduldig. Wer soll den Gottesdienst feiern, die Ehen einsegnen, die Gebete für die Toten sprechen, wenn kein Priester da ist? Das Pfarrhaus zerfällt, weil es nicht bewohnt ist. Unsere Herzen zerfallen auch. Wir brauchen einen Priester. Einige von uns tragen schwer an ihren Sünden. Sie brauchen einen Priester, der ihnen ihre Sünden abnimmt.«

John war stolz, dass sein Vater sich so für die Leute einsetzte. Aber es dauerte lange, sehr lange, bis eines Tages endlich eine Antwort vom Bischof kam. Sie war an den Häuptling adressiert. Der Bischof schrieb: »Ihr wisst, dass es in Afrika nicht genug Priester gibt.

Ich weiß einfach nicht, woher ich einen Priester für St. Joseph nehmen soll. Nun sind auch noch zwei junge Missionare krank geworden, und ein einheimischer Priester hat einen Autounfall erlitten. Aber ich will eurer verlassenen Gemeinde helfen. Ich werde euch drei Ordensschwestern senden. Sie werden die Gemeinde leiten. Sie können den Gottesdienst feiern, die Kommunion austeilen und die Menschen auf die Taufe vorbereiten.«

Johns Vater war damit zufrieden. Der Häuptling aber nicht. Er sagte: »Wir brauchen einen richtigen Priester. Wir können doch nicht zur Kommunion gehen, wenn wir vorher nicht gebeichtet haben. Die Schwestern aber können uns die Sünden nicht abnehmen.« Als der Häuptling das sagte, wurden viele Leute in der Gemeinde unzufrieden und murmelten: »Wir brauchen einen richtigen Priester.«

John, der Messdiener, war sehr neugierig. Als er eines Tages wieder um das Pfarrhaus herumstrich, sah er die Schwestern kommen. Sie kamen mit einem Lastauto. John machte große Augen; eine Schwester brachte sogar ein Motorrad mit.

Mit diesem Motorrad besuchte sie die Kranken. Sie brachte ihnen nicht nur Medizin, sondern auch die Kommunion.

»Darf ich wieder Messdiener sein?«, fragte John eines Tages die Schwester. Sie sah ihn freundlich an und meinte: »Du kannst uns helfen. Du darfst die Glocke läuten und die Kerzen anzünden. Und wenn du gut lesen kannst, darfst du auch ab und zu im Wortgottesdienst vorbeten.«

John freute sich mächtig. Der Wortgottesdienst gefiel ihm. Er war überhaupt nicht langweilig. Die Kinder durften die Trommel schlagen; und alle hatten das Gefühl, die Schwestern beten und singen viel besser als der frühere Pfarrer.

Wenn die Leute in der Gemeinde die Schwestern lobten, sagte der alte Häuptling: »Ja, ja, sie sind schon recht. Aber sie sind eben doch keine richtigen Priester. Sie können nicht von den Sünden lossprechen.«

Weil der Häuptling so redete, redeten auch die anderen Alten im Dorf so. Wenn die Schwestern am Sonntag die Kommunion austeilten, blieben die Alten weg. »Wenn wir nicht beichten können, dürfen wir auch nicht kommunizieren«, sagten sie.
Die Schwestern erklärten ihnen, dass doch Gott allein die Sünden vergibt. »Bereut eure Sünden«, sagten sie. »Gott weiß ja, dass der Bischof zu wenig Priester hat. Es gibt verschiedene Arten der Sündenvergebung.«

John verstand das alles sehr gut. Jeden Samstag dachte er darüber nach, was er während der Woche nicht gut gemacht hatte. Dann bat er Gott um Verzeihung. Wenn er trotzig, frech und ungehorsam gewesen war, bat er auch seine Eltern und Verwandten um Verzeihung. Dann hatte er kein schlechtes Gewissen mehr.

Der Häuptling und die alten Männer im Dorf aber warteten weiterhin auf einen Priester. Plötzlich, an einem Sonntag, kam auch der Häuptling nicht zum Wortgottesdienst.
»Du darfst mich begleiten. Wir werden ihn besuchen und fragen, warum er nicht gekommen ist«, sagte eine der Schwestern zu John. Sie hatte es kaum ausgesprochen, da kam die Schwiegertochter des Häuptlings angerannt und rief: »Schwester, der Häuptling stirbt. Er kann kaum noch atmen. Er hat sehr hohes Fieber!«

Alle drei Schwestern machten sich gleich fertig. Sie packten Medikamente in ihre Tasche. Dann nahmen sie ehrfürchtig auch das Allerheiligste mit.

»Darf ich jetzt doch nicht mitkommen?«, fragte John. Er war traurig, weil der Häuptling so krank war. »Doch, du darfst mitkommen«, sagte die Schwester.

Sie rannten alle vier eilig über die Felder. Vor einem Bach zogen die Schwestern ihre Schuhe und Strümpfe aus. John hatte sowieso nie Schuhe und Strümpfe an. Das fand er viel bequemer. Da sie alle so schnell liefen, mussten sie tüchtig schwitzen. Es war drückend heiß. Endlich erreichten sie die Hütte des Häuptlings. Vor dem Eingang standen viele Männer und Frauen. Alle weinten, und alle waren in großer Aufregung.

»Wir wollen zum Häuptling«, sagten die Schwestern. Da machten ihnen die Leute Platz.
Der alte Häuptling lag auf seiner Matte. Er röchelte. John erkannte ihn zuerst nicht. So sehr hatte sich der alte Mann verändert. Seine Haut war nicht mehr tiefschwarz, sie war grau. Das Gesicht war sehr faltig und klein geworden.

»Ich sterbe«, hauchte der Häuptling. »Der Tod steht schon hier in der Hütte.«

John schaute sich um. Er sah aber keinen Tod.

»Ich gehe zu meinen Ahnen«, sagte der Häuptling.

Die Krankenschwester wischte den Schweiß von der Stirn des Kranken. »Wir haben dir den Leib des Herrn mitgebracht«, sagte eine der Schwestern. Der Häuptling schüttelte den Kopf. »Nein, ich kann den Herrn nicht empfangen. Ich muss zuerst beichten.« Die Schwestern hatten sich niedergekniet. Sie beteten. Auch John versuchte zu beten. Er wusste aber nicht so recht, was er jetzt beten sollte. So stammelte er lautlos einfach: »Lieber Gott, mach doch, dass der Häuptling kommuniziert.«

Es war ganz still in der Hütte. Nur von draußen hörte man das Weinen der Leute. Ein Frau sagte: »Er war ein guter Häuptling.«

Der Kranke hörte diese Worte und schlug die Augen auf. »Nein, ich war nicht immer ein guter Häuptling«, sagte er. »Wenn schon kein Priester kommen kann, so will ich jetzt vor dem Tod vor euch allen meine Sünden bekennen. Der kleine John darf ruhig dabei sein. Er soll wissen, dass alle Menschen große Sünder sind.«

Der Häuptling erzählte, dass er seine Frau einmal geschlagen, manchmal zu viel Bananenbier getrunken und seinen Bruder um eine Ziege betrogen habe. Er sei seinen Kindern auch nicht immer ein guter Vater gewesen.

Die Stimme des Häuptlings wurde immer schwächer. Aber der alte Mann bekannte weiter seine Sünden. Er sprach von Neid und Hass und Lüge. Zum Schluss sagte er: »Dies sind alle meine Sünden, und ich bereue sie von Herzen.«

»So wird der Herr dich lossprechen von deinen Sünden«, beteten die Schwestern. Sie machten das Kreuzzeichen über sich und den Kranken.

Der Häuptling lächelte.

»Gott hat dir vergeben, weil du geliebt und bereut hast«, sagte eine der Schwestern. Sie nahm die Tasche, holte die weiße Hostie heraus und reichte sie dem Häuptling. Es wurde noch stiller.

John sah, dass dem Häuptling eine Träne über die Wange lief. »Ich bin nun ruhig«, flüsterte er. »Ich bin nun bereit für den langen Weg zu Gott.«

Nach diesen Worten redete er nicht mehr. Die Schwestern beteten noch eine Zeit lang. Sie hatten auch die Menschen vor der Hütte aufgefordert, mit ihnen zu beten.

Dann verließen sie den alten Häuptling.

Am Abend erklang die Trommel. »Unser Häuptling ist tot«, klagte sie. Die Menschen weinten; denn sie hatten ihren Häuptling sehr geliebt.

3 Die schmutzige »Ratte«

IN BOGOTA, IN DER HAUPTSTADT VON KOLUMBIEN, LEBEN WILDE, MISSTRAUISCHE STRASSENKINDER. PLÖTZLICH BEGEGNEN SIE EINEM MENSCHEN, DEM SIE IHR VERTRAUEN SCHENKEN KÖNNEN. DAS BEWEGT SIE ZUR UMKEHR.

Pedro stritt wieder einmal. Er konnte Emilio nicht ausstehen. »Geh doch, du ekelhaftes Jammermaul!«, zischte Pedro ihn an. »Nachts jammerst du, weil du frierst, und tagsüber jammerst du, weil dein Magen knurrt. Geh doch, geh zu den ›Großmäulern‹, unter die Bettler!«

Das war das Schlimmste, was man einem richtigen Straßenjungen vorwerfen konnte. Das war eine richtige Beleidigung, denn für die ›Großmäuler‹ hatten sie nur Verachtung. Das waren gar keine Straßenjungen, das waren Bettelkinder. Mit Bettelkindern aber hatten sie nichts zu tun. Denn ein richtiger Straßenjunge bettelt nicht. Er unternimmt etwas. Er tut etwas. Er bietet seine Dienste an. Er schlägt sich selbst durchs Leben, aber er bettelt nicht.

Luis, der ebenfalls zu dieser Gruppe gehörte, hatte Mitleid mit Emilio. Der Kleine war noch keine Woche bei ihnen. Er musste sich zuerst an das harte Leben eines Straßenjungen gewöhnen. Gestern Nacht war Emilio beinahe erfroren. Es war grimmig kalt. Zum Glück fanden sie dann noch eine große Kartonschachtel, die Emilio ein bisschen Schutz bot.

»Wir gehen«, bestimmte Luis. »Hier beim Goldmuseum kriegen wir heute nichts. Die verdammten ›Katzen‹« – so nannten sie die Polizei – »stehen überall Posten.«

»Warum versuchen wir es nicht bei Exprinter, beim Reisebüro?«, fragte Pedro. »Die Amerikaner, die da ein und ausgehen, haben meist alle Taschen voll Geld. Ich möchte ganz gerne wieder einmal wissen, wie eine Brieftasche inwendig aussieht«, fügte er grinsend hinzu.
»Gut«, sagte Luis. Der Vorschlag kam ihm wie gewünscht. So werden die beiden nicht weiterstreiten.

Die Buben standen auf und mit ihnen auch Manuela, die sie die »Ratte« nannten. Sie hatte bisher geschwiegen. Luis wusste, warum: Die »Ratte« und Emilio kannten einander. Sie waren am gleichen Ort aufgewachsen, im Armenviertel San Martin. Die »Ratte« hing an Emilio.
Wenn es nicht gelingt, Emilio in die Gruppe einzugliedern, dann wird eines Tages auch Manuela abhauen. Luis wusste das. Aber Manuela durften sie nicht verlieren. Die »Ratte« war zu wertvoll. In der ganzen Stadt gab es bis jetzt nur drei Mädchen, die sich den Straßenjungen angeschlossen hatten. An die Jungen hatten sich die Leute in der Stadt gewöhnt. Als jetzt aber auch Mädchen zu den Straßenjungen gingen, wurden sie unruhig. In den Zeitungen schrieb man darüber. Die Regierung und die Polizei versprachen, energischer gegen diese Banden vorzugehen.
Jetzt trauten die Jungen niemandem mehr. Die Regierung arbeitete jetzt nämlich mit »Edelkatzen«. Das waren Polizisten, die sich in Zivilkleidern ganz unauffällig an die Jungen heranmachten.

»Also los, Pedro! Wir treffen uns vor Exprinter«, sagte Luis. Unauffällig schwärmte die Gruppe aus. Einzeln mischte sich jeder unter die Fußgänger auf der Straße. Zuerst Pedro, dann Manuela und die andern.
Luis hielt Emilio zurück. »Emilio, drück dich bis heute Nacht! Schau, dass du etwas zu essen kriegst und auch ein paar wärmere

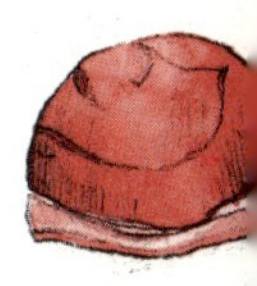

Lumpen! Geh zu Manuelas Mutter! Die wird dir helfen. Nach Einbruch der Nacht treffen wir uns hier wieder.« Luis verschwand.

Emilio blieb eine Weile hocken. Zu Manuelas Mutter, zu Frau Mann, soll er gehen? Die alte Frau war zwar gutmütig, aber etwas komisch im Kopf. Das Leben hatte sie um den Verstand gebracht. Begreiflich! Drei von den sieben Kindern, die Frau Mann hatte, starben. Die andern liefen von zu Hause weg, weil Vater Mann böse war. Tagein, tagaus trank er billigen Schnaps. Wenn er betrunken war, wurde er sehr grob und verprügelte alle. Eines Tages brach Herr Mann betrunken auf der Straße zusammen. Frau Mann hielt das nicht aus. Seitdem auch Manuela weggelaufen war, war sie ganz verstört. Überall hieß es: »Die gute Frau ist nicht mehr richtig im Kopf!« Und sie war es auch. Wenn ein Kind in ihre Hütte kam, meinte sie, es sei eines ihrer eigenen. War es ein Mädchen, dann glaubte sie, es sei Manuela und umarmte und küsste es.
Zu Frau Mann soll ich jetzt gehen? Um Essen und um Kleider betteln? Sie ausnützen? Und Pedro wird mir das wieder unter die Nase streichen. Er wird mich »Jammermaul« schimpfen, weil ich bettle.

Emilio überlegte. Wohin konnte er sonst gehen? Nach Hause? Nein, der Vater würde ihn halbtot prügeln. Nach Hause konnte er nicht. Da ging er lieber zu Frau Mann. Aber es durfte ihn niemand sehen. Er musste versuchen, sich vom Wald her an Frau Manns Hütte heranzuschleichen. Ein Umweg. Aber er hatte Zeit. Er brauchte sich nicht zu beeilen. Je später der Nachmittag, umso besser. In knapp einer Stunde konnte er dort sein. Wieder durchfuhr ihn ein kalter Windstoß. Er klapperte vor Kälte mit den Zähnen. Und dieser Hunger! Er musste etwas zu essen kriegen. Sein Magen knurrte. Er ging.

Unterdessen war Luis vor Exprinter aufgetaucht. Im Seitengässchen nebenan sah er Manuela und die andern. Wo aber war Pedro? Luis schaute sich um. Jetzt sah er ihn auf der andern Straßenseite. Luis verzog sich ins Seitengässchen. Wenig später war auch Pedro da.
»Wie steht's mit den Brieftaschen?«, fragte Luis grinsend.
»Im Moment sind drei Fremde bei Exprinter drin. Sie stehen vor dem Geldwechselschalter an. Soviel ich sehen konnte, gehören sie nicht zusammen«, berichtete Pedro.
»Gut«, sagte Luis. »Und die ›Katzen‹?«
»Keine einzige weit und breit.«
»Also los!«, befahl Luis. »Aber haltet die Augen offen. Ich gebe euch das Zeichen, welchen wir packen.«
Luis verschwand, dann Pedro, dann Manuela.
Jetzt öffnete sich die Türe bei Exprinter.
Die beiden Fremden, die noch drin waren, kamen miteinander heraus.
»Verdammt nochmal«, zischte Pedro.
Dann aber trennten sich die beiden.
Sie hatten doch nichts miteinander zu tun.
Manuela und Pedro schauten zu Luis hinüber. Luis deutete auf den Fremden mit der Brille, der auf Pedro zuging. Luis kam von hinten und stellte ihm ein Bein. Er stolperte. Jetzt rempelte Pedro das Opfer von vorne an und griff in seine Brusttasche. Luis stocherte in einer Seitentasche herum. Pedro fluchte, er konnte die Brieftasche nicht finden. Der Mann war auf ein Knie gefallen. Manuela hatte dem Fremden die Brille weggerissen.

Das Mädchen sah die großen Augen, mit denen der Fremde sie anstarrte. Da, ohne es eigentlich zu wollen, spuckte sie ihm mitten ins Gesicht. Zähflüssiger Speichel rann von der Wange des Fremden. Seine Augen waren immer noch auf das Mädchen gerichtet.
»Weg!«, schrie Luis. »Hau ab, Ratte!«
Noch einige Sekunden länger, und sie wären verloren gewesen. Ein richtiger Menschenknäuel hatte sich bereits um den Fremden gebildet. Die Autos hupten. Irgendwo ertönte eine Polizeisirene. Die »Katzen«!

Es war schon dunkel, als Luis wieder den Hinterhof in der Nähe des Goldmuseums erreichte. Er schaute sich um und atmete auf. Gott sei Dank! Die »Ratte« war da. Es war ihr nichts passiert. Ohne ein Wort hockte sich Luis in eine Ecke. Alles ist danebengegangen, grübelte er. Pedro hatte die Brieftasche nicht erwischt. Manuela war überhaupt nicht bei der Sache gewesen ...

Jetzt kam Pedro angeschlichen. »Ich bringe da noch eine Kleinigkeit«, sagte er und zeigte zwei Banknoten. »Nicht viel! Aber dieser Mensch hatte nicht einmal eine Brieftasche! Das war kein richtiger Ausländer!«
Luis wollte jetzt keine lange Rede hören.
»Dollars oder was?«, fragte er barsch.
»Schweizerfranken«, kicherte Pedro. Luis nahm das Geld, steckte es ein und legte sich hin. Pedro verkroch sich in eine Ecke und schwieg.

Warum ist Emilio noch nicht hier, grübelte Luis. Was ist mit Manuela los? Was wird sie tun, wenn Emilio nicht zurückkommt? Luis stand vor der immer gleichen Frage. Er konnte nicht schlafen. Warum war Emilio noch nicht hier?
Manuela drehte sich. Dann war wieder Ruhe.

Jetzt hörte Luis ein Geräusch. Emilio? Luis saß auf und versuchte in der Dunkelheit etwas zu erkennen. Ja, endlich! Es war Emilio.
»Luis?«, erkundigte sich Emilio.
»Ja, wir sind hier. Gut, dass du da bist«, antwortete Luis. Emilio tastete sich zu Luis vor und flüsterte ihm etwas ins Ohr. Luis überlegte eine Weile, dann stand er auf und ging zur »Ratte« hinüber. Sie war wach. Er hatte es nicht anders erwartet. Luis rüttelte sie dennoch.
»Manuela, deine Mutter! Sie liegt im Sterben. Geh! Nimm das mit!« Luis drückte ihr die beiden Noten in die Hand.
Das Mädchen rührte sich nicht.
Luis schüttelte sie nochmals. »Manuela, deine Mutter! Geh!«
Jetzt plötzlich erhob sich Manuela und verschwand im Dunkeln. Luis starrte ihr lange und unbeweglich nach.
Dann sagte er, noch immer völlig abwesend, wiederum zu Emilio: »Gut, dass du da bist.«
Emilio antwortete nicht. Er hockte sich dahin, wo Luis gelegen hatte. Luis ließ ihn. Er ging zu Manuelas Platz. Pedro schlief. Er hatte von allem nichts bemerkt.

Manuela ging geradewegs ins Armenviertel. In der Dunkelheit brauchte sie niemanden zu fürchten.
In der Hütte brannte ein Licht. Von hinten schlich sich Manuela heran, an der offenen Kochstelle vorbei. Die Steine sind kalt, stellte Manuela fest. Jetzt trat sie unter die Türe. Mutter lag ruhig auf dem alten Bett. Vor ihr kniete ein Mann, den Rücken Manuela zugekehrt. Manuela trat ein. Der Fremde drehte sich um und stand auf. Die »Ratte« erschrak: ein Priester!

»Bist du Manuela?«, fragte der Fremde. Das Mädchen gab keine Antwort. Es starrte den Priester an. Zum Teufel, dieses Gesicht kannte sie. Das waren wieder die großen Augen, die gleichen

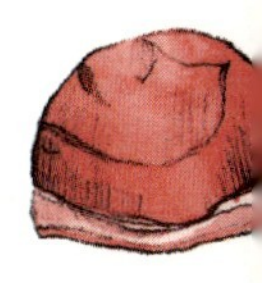

Augen, die sie heute Nachmittag so starr auf sich gerichtet sah. Der Mann trug nur eine andere Brille.
»Komm, Manuela! Hab keine Angst!« Der Fremde fasste ihre Hand und führte sie zum Bett hin.
»Schau da, Manuela, deine Mutter! Sie hat auf dich gewartet. Im Sterben ist ihr alles noch einmal ganz klar gewesen. Sie hat mit mir zusammen für dich gebetet. Sie hat gewusst, dass du zurückkommst. Ich habe es ihr gesagt. Sie ist ganz ruhig und zufrieden gestorben. Jetzt ist sie glücklich. Sie weiß, dass du da bist.«

»Padre!«, schrie Manuela auf. Sie wusste nicht mehr, was tun. Da die tote Mutter, die zufrieden lächelte. Da der Priester, der Fremde, dem sie ins Gesicht gespuckt hatte und der jetzt so gut zu ihr war. »Ich bin die ›Ratte‹, die schmutzige Ratte, die Ihnen heute ...«
»Ich weiß, Manuela«, antwortete der Priester und lächelte.
»Als ich heute Abend heimging, kam ein kleiner Junge. Emilio hieß er. Er führte mich zu deiner Mutter. Er hat mir von dir erzählt. Ich habe ihn zu dir geschickt. Emilio kommt heute Nacht zurück. Er hat es mir versprochen. Er möchte, dass du auch hierbleibst.«
»Aber ich gehöre zu den Straßenjungen, Padre«, antwortete Manuela unsicher.
»Nein, Manuela! Du gehörst zu uns, zu Emilio, zu mir, zu uns allen hier im Armenviertel. Wir brauchen dich. Wir alle brauchen einander. Schau, die Stadt mit den vielen Reichen können wir nicht besser machen. Aber das Leben hier im Armenviertel, das können wir verbessern. Stehlen nützt nichts. Wir müssen uns anstrengen. Wir müssen etwas tun, dazu brauchen wir dich und Emilio. Ihr seid richtige Straßenjungen. Ein richtiger Straßenjunge bettelt nicht. Er tut etwas. Er packt zu. Er hilft. Er bietet seine Dienste an. Das müsst ihr den bettelnden Kindern hier zeigen.

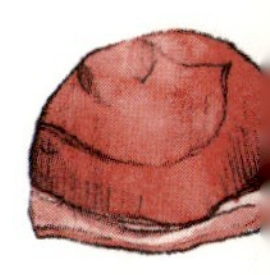

Ihr müsst es ihnen beibringen, dann wird alles besser werden. Sie brauchen euch, dich und Emilio.«

Manuela schaute den Priester an. So hatte noch niemand mit ihr gesprochen. Er redete wie ein richtiger Vater. Zu ihm konnte man Vertrauen haben.
»Ja, Padre«, sagte Manuela. »Du, Emilio und ich, wir werden es ihnen zeigen.«

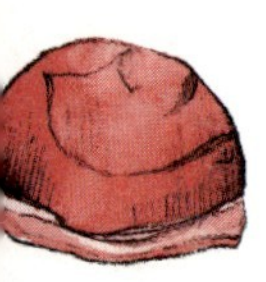

Komm zurück, Papa!

Papa Moya in Südafrika verlässt seine Familie und geht auf Arbeitssuche nach Johannesburg. Alle geraten in Not. Der kleine Simon geht Papa suchen und bewegt ihn zu Busse und Umkehr.

Für die Familie Moya gab es zwei Welten: eine schwarze und eine weiße.
Die schwarze Welt war die, in der sie lebten und zu der sie gehörten. Sie waren Afrikaner und lebten mit Afrikanern zusammen. Alle hatten schwarze Hautfarbe. Sie wohnten in einem eigenen Gebiet, in dem es praktisch keine Weißen gab. Ihre Häuser waren kleine, runde Lehmhütten, ohne Wasser, ohne Licht, ohne WC.
Aber da gab es noch die andere Welt: die Welt der Weißen. Die Weißen wollten unter sich sein. Darum mussten auch die Schwarzen unter sich sein. Die Weißen bewohnten aber das wertvollste und fruchtbarste Land. Deshalb war es der Wunsch vieler Afrikaner, aus der schwarzen Welt in die weiße Welt zu fliehen, vor allem in die Städte. Dort gab es Arbeit. Dort konnte man etwas verdienen.

Tom, der Vater der Familie Moya, sagte eines Tages zu seiner Frau: »Johana, ich habe es mir lange überlegt. Ich gehe nach Johannesburg, in die große Stadt.

Dort werde ich Arbeit finden. Ich werde dir jeden Monat Geld schicken. Dann werden wir alle besser leben können.«

Mama Johana war einverstanden. Sie wünschte sich schon lange eine bessere Hütte und ein neues Kleid. Und überhaupt, sie brauchten mehr Geld, damit alle drei Jungen die Schule besuchen konnten. So packte Papa Moya sein Bündel.

Nach vier Wochen erhielt Mama Johana den ersten Brief. Papa hatte Glück. Er arbeitete in einer großen Fabrik. Zum ersten Mal in seinem Leben bekam Papa jetzt einen richtigen Lohn.
Seine Freude war so groß, dass er das Geld sofort seiner Frau schickte. Mama Johana konnte es kaum fassen. So viel Geld hatte sie noch nie gehabt.
Einen Monat später sandte Papa den zweiten Brief. Er schrieb: »Ich kann jetzt nur noch die Hälfte meines Lohnes senden. Die andere Hälfte brauche ich, um meine Unterkunft und das Essen zu bezahlen.«

Mama Johana war nicht begeistert. Nach längerem Nachdenken aber wurde ihr klar, dass Papa auch Geld brauchte. Sie fand sich damit ab. Sie sagte auch nichts, als Papa nach einiger Zeit noch weniger sandte. Mama Johana hatte immer noch mehr Geld als früher. Erst als Papa überhaupt nicht mehr schrieb und kein Geld mehr sandte, wurde sie sehr traurig.
Eines Tages rief sie Simon, den ältesten der drei Söhne, zu sich und sagte: »Wer weiß, was Papa zugestoßen ist. Du, Simon, hast schreiben gelernt. Setze dich hin und schreibe, was ich dir sage!«

Simon sah die verweinten Augen seiner Mutter. Es wurde ihm schwer ums Herz. Das Schreiben machte ihm große Mühe, weil der Brief so traurig war.

»Lies noch einmal vor«, sagte Mama, als Simon fertig war. Simon las: »Lieber Papa, Mama sagt, ich soll Dir schreiben. Was machst Du? Bist Du krank? Hast Du uns vergessen? Bitte, schreibe wieder und schicke uns Geld. Wir brauchen es. Wir alle sind traurig. Herzlich grüßen Dich, Mama, Simon, Joe und Lewis.«

Simon brachte den Brief auf die Post. Aber Papa antwortete nicht. »Wir müssen Geduld haben«, sagte Mama, wenn Simon ungeduldig wurde. »Vielleicht hat Papa keine Zeit, sofort zu schreiben.« Dann wieder sagte sie: »Vielleicht ist er zu müde ... Vielleicht ist der Weg zur Post zu weit ... Vielleicht muss er sich erst wieder Papier und Briefmarken kaufen ... Vielleicht ... Vielleicht ...« Simon merkte, dass seine Mutter immer trauriger wurde, wenn sie eine Ausrede suchte. Deshalb stellte er von jetzt an keine Fragen mehr. Im Gegenteil, er versuchte Mama zu trösten.

Nach einigen Wochen wurde die Mutter krank. Sie erbrach sich und lag von Fieber geschüttelt auf der Strohmatte in der Hütte. Zwei Tage später kam Tante Situli. Sie brachte Kräuter und Salben mit, Medizin, die Mama gesund machen sollte.
»Jemand hat eure Mutter verhext«, meinte Tante Situli. »Ein Zauberer muss herausfinden, von welchem Geist sie geplagt wird.« Aber Mama wollte das nicht. Sie war Christin. Sie glaubte nicht an die Macht der Zauberer. Sie war einfach krank aus Sorge um Papa. Wo aber war Papa? Was tat er? Warum schrieb er nicht? Simon dachte immer wieder darüber nach. Dann schmiedete er einen Plan: Ich gehe nach Johannesburg. Ich will Papa suchen.

Als Simon eines Abends aus der Schule heimkam, schwebte ein komischer Duft in der Hütte.
»Der Zauberer ist dagewesen«, erklärte ihm Tante Situli.
»Wir haben alles getan, was er gesagt hat. Mama wird jetzt bald

gesund werden.« Aber Mama wurde nicht gesund. Sie wurde immer schwächer.

So nahm Simon eines Morgens seinen Schulsack und ging. Er nahm aber nicht den Weg zur Schule. Auf Nebenwegen schlich er sich zum Dorf hinaus. Als er sich außer Sichtweite glaubte, bog er in die Landstraße ein. Seinen Schulsack versteckte er im Gebüsch.

Nachdem Simon mehrere Stunden marschiert war, befielen ihn die ersten Zweifel. Wird er jemals nach Johannesburg kommen? Die Mittagshitze war schon fast unerträglich. Ein Auto sauste an ihm vorbei. Es zog eine lange Staubwolke hinter sich her. Später folgten nochmals zwei Autos. Die Fahrer beachteten ihn nicht. Erst am späten Nachmittag hatte Simon Glück. Ein schwarzer Autofahrer hielt an. Er durfte einsteigen.

Jetzt musste Simon sagen, woher er kam und wohin er ging. Der Anstand unter Afrikanern verlangt das so. Der Fahrer, Mr. Mutwa hieß er, versuchte zuerst, dem Jungen die Reise nach Johannesburg auszureden. Als Simon ihm aber die ganze traurige Geschichte von Mama und Papa erzählte, änderte Mr. Mutwa seine Meinung.

»Gut, Kleiner. Ich verstehe dich. Du hast Mut. Aber heute kommst du nicht mehr nach Johannesburg. Das ist viel zu weit.«
Plötzlich hielt Mr. Mutwa den Wagen an. Es war schon dunkel. »So, hier bin ich zu Hause«, sagte Mr. Mutwa. »Du kannst bei uns essen und schlafen.« Simon nahm dankbar an. Es tat ihm gut, in der Fremde Menschen zu finden, die gastfreundlich waren.

Am nächsten Morgen kam Mr. Mutwa und sagte: »Simon, hast du Geld? Wenn du nach Johannesburg willst, musst du

den Autobus nehmen. Anders kommst du nicht dorthin.«
Simon hatte ein schlechtes Gewissen. Verlegen zeigte er ein Geldstück, das er Tante Situli aus der Handtasche genommen hatte.
»Zwei Rand, hin, das reicht nicht«, sagte Mr. Mutwa. Er überlegte einen Moment. Dann ging er mit Simon zur Bushaltestelle und kaufte für ihn das Billet. »Du wirst dein Geld schon noch brauchen«, sagte er. »Schau nur zu, dass du deinen Vater findest.«
Simon dankte Mr. Mutwa für seine Freundlichkeit und stieg in den Bus ein.

Es war Abend, als der Bus in Johannesburg eintraf. Jetzt lernte Simon, dass es zwei Johannesburg gab: eines mit modernen Häusern, wo vorwiegend Weiße wohnten, und eines mit windschiefen Hütten und schmutzigen Straßen, wo Schwarze hausten. Das weiße Johannesburg war wunderbar. Das schwarze Johannesburg jedoch war hässlich und arm. Und Simon stand mittendrin im schwarzen Johannesburg. Immer wieder blickte er auf den Zettel mit der Adresse seines Vaters und fragte die Leute nach dem Weg. Es dauerte lange, bis ihm jemand Auskunft geben konnte.

»Das ist im Alexandra-Viertel. Beeile dich, in fünf Minuten fährt ein Zug dorthin. Die Bahnstation ist dort drüben.«
Eine schwarze Frau, die ebenfalls ins Alexandra-Viertel wollte, half ihm und nahm ihn mit in den Zug.

Hunderte von Menschen stiegen mit Simon im Alexandra-Viertel aus dem Zug. Dem Jungen wurde ganz schwindlig. Sein Herz klopfte. Wie sollte er hier den Vater finden? Er musste wiederum fragen.
»Ich suche Nummer 267.«
Ein Mann schüttelte den Kopf. Er verstand ihn überhaupt nicht.

»Ich suche Nummer 267.«
Endlich hatte er Glück. Dieser Mann kannte sich aus. Er nahm Simon mit und zeigte ihm das Haus.

Die Nummer 267 war ein entsetzliches Haus. Es war aus Wellblech, Holzbrettern und Karton zusammengebaut. Simon klopfte. Eine ältere Frau in schmutzigen Kleidern öffnete.
»Ist hier Mr. Moya zu Hause?«
»Hier ist kein Moya«, fauchte die Frau ihn an.
»Er ist mein Vater«, stammelte Simon.
»Deswegen ist er doch nicht hier. Der Lump ist nach Soweto abgehauen«, sagte die Frau und schlug ihm die Türe vor der Nase zu.

Lump? Abgehauen? Simon war dem Heulen nahe. Es war dunkel. Simon machte einige Schritte. Was sollte er jetzt tun? Er war todmüde. Hinter einer Hütte legte er sich nieder und schlief ein.

Die Kälte des Morgens weckte ihn. Nach vielem Fragen fand Simon wieder zum Bahnhof zurück. MIt seinem letzten Geld kaufte er sich eine Fahrkarte nach Soweto und fuhr mit dem nächsten Zug los.
Es war heller Tag, als er in der riesigen Afrikanersiedlung ankam. In endlosen Reihen zogen sich hier die kleinen Häuschen über die fast flachen Hügel hin. In welche Richtung soll er nun gehen? Wenn er die Leute fragte, zuckten sie nur die Schultern.
»Tom Moya? Nie gehört!«

Ein Mann, der in der Morgensonne vor einem Häuschen saß, erklärte ihm: »Hier wohnt fast eine Million Menschen. Wenn du deinen Vater finden willst, dann musst du wissen, in welchem Teil von Soweto er lebt, in Jabavu, Mofolo, Moroka oder wie

sie alle heißen. Wenn du das nicht weißt, dann geh in jedem Viertel auf die Einwohnerkontrolle und frage. Anders findest du das nicht heraus.«
Bis zum Büroschluss konnte Simon nur noch die Kontrollbüros von zwei Gebieten aufsuchen. Vor jedem Büro war eine Menschenschlange. Simon musste lange warten, bis er an die Reihe kam. Und dann, nach langem Suchen, erklärten ihm die Beamten beide Male:
»Ein Tom Moya ist nicht in unserem Verzeichnis.«

Die Nacht verbrachte Simon im Busch einer kleinen Grünanlage. In der Nähe befand sich eine Bierhalle. Der Lärm und das Gejohle der Betrunkenen weckte ihn immer wieder.
Als der Morgen graute, war Simon bereits auf dem Weg zum nächsten Kontrollbüro. Wieder nichts. Auch in Chiavelo, Zola und Dube konnte ihm niemand Auskunft geben. Erst im Kontrollbüro von Orlando fanden sie den Namen Tom Moya.

»Kommt dein Vater aus dem Zululand?«, fragte der Beamte. »Verheiratet, drei Kinder?«
»Ja, das ist mein Vater! Das ist er!«, frohlockte Simon. Der Beamte nannte ihm die Hausnummer.
Wiederum auf der Straße, begann Simon vor Freude zu springen. Eine Viertelstunde später stand er vor seinem Vater.
Aber wie hatte sich Vater verändert! Röchelnd und mit geschlossenen Augen lag er da, auf einem zerschlissenen Sofa, in einem schmutzigen Zimmer. Die Luft war dick. Es roch nach Schnaps. Auf dem Fußboden lagen Kleider herum. Auch Frauenkleider waren darunter.

»Papa!«, schluchzte Simon auf. Jetzt schlug Papa Moya die Augen auf. »Simon, du? Du bist gekommen?«

»Ja, Vater. Komm zurück, Vater! Wir brauchen dich. Komm zurück, sonst wird Mama sterben.«
»Mama?« Tom Moya zuckte zusammen. Noch etwas schwankend erhob er sich und setzte sich auf einen Stuhl. Eine Weile starrte er vor sich hin. Dann sagte er: »Vielleicht ist das wirklich der einzige Weg aus dieser Hölle.«
»Papa, unser Lehrer hat uns einmal gesagt, es gibt immer einen Weg, der nach Hause führt.«
»Ja, Simon, du hast Recht. Wir haben ein Sprichwort, das heißt sogar: ›Es gibt keinen Weg, der nicht nach Hause führt.‹ Warum nur habe ich das vergessen. Komm, Simon, wir gehen.«

Schick das Mädchen fort!

FÜNFZEHN WAISENKINDER WOHNEN IN EINER ALTEN HÜTTE AM STADTRAND VON SAO PAULO. SIE SIND ZORNIG, WEIL EIN NEUER ESSER HINZUKOMMT. DOCH DANN ERKENNEN SIE: EINE GEMEINSCHAFT IST ERST CHRISTLICH, WENN SIE IHR BROT TEILT.

Miguel wohnt zusammen mit vierzehn anderen Kindern in einer alten Hütte am Stadtrand von Sao Paulo in Brasilien. Vorher war er nirgends zuhause. Er hatte viele Jahre auf der Straße gelebt. Er wusste, was Kälte, Hitze und Hunger waren.

Eines Tages begegnete ihm eine seltsame Frau. Er hatte sie schon früher einige Male gesehen. Schwester Rosa hieß sie. An jenem Tag aber kam sie geradewegs auf ihn zu und redete ihn an:
»He, Kleiner, wo sind deine Eltern?«
»Ich weiß es nicht.«
»Wie alt bist du?«
»Ich weiß es nicht. Vielleicht zehn Jahre alt.«
»Wo schläfst du?«
»In der letzten Nacht habe ich unter einer Brücke geschlafen. Doch dann kam die Polizei und jagte mich fort.«
»Hast du Hunger?«
Miguel wunderte sich, dass jemand so etwas fragen konnte. Natürlich hatte er Hunger. Sein Magen knurrte ständig.
»Ich habe großen Hunger«, sagte er schnell.

Die Schwester nahm ihn mit zu einer kleinen Hütte am Stadtrand. Dort lebten bereits zehn andere Kinder. Nach Miguel kamen nach und nach noch Jaco, Pedro und Margarida hinzu.

Jeden Tag ging die Schwester für die Kinder betteln. Sie ging zu den Reichen in der Stadt und bat um Kleider, Decken, Geld, Reis, Brot. Manchmal brachte sie viel heim, manchmal beinahe nichts. Letzte Woche hatte sie allen Kindern eine neue Wolldecke gebracht. Wenn sie sich jetzt zum Schlafen auf den Erdboden hinlegten, brauchten sie wenigstens nicht mehr zu frieren.

»Heute kommt die Schwester aber sehr spät«, seufzte Miguel. Gestern hatten sie alle nur ein wenig Reis bekommen. Am liebsten wäre Miguel in die Stadt gelaufen und hätte gebettelt. Aber die Schwester hatte den Kindern das Betteln verboten. »Ich will keine Kinder, die auf der Straße betteln und stehlen«, hatte sie gesagt.

Margarida weinte leise vor sich hin. »Ich habe Hunger.«
»Wir auch«, riefen Pedro und Miguel. Margarida weinte zu oft. Das ärgerte die beiden.
»Wenn die Schwester eines Tages nicht mehr zurückkommt?«, wimmerte sie. »Blödsinn. Die kommt immer zurück.«
»Wenn wir doch nur auf die Straße dürften!«, seufzte Miguel.
»Wir sollen lesen und schreiben lernen, und wir sollen spielen, sagt die Schwester. Es ist schwer.«
»Du willst nur lieber betteln, weil dir das Schreiben so schwer fällt«, meinte Antonia. Sie war bereits am längsten hier und nicht wenig stolz darauf, dass sie als erstes Kind von Schwester Rosa aufgenommen worden war.
»Früher, als wir noch nicht so viele waren, gab es immer genug zu essen«, schwärmte sie.
»Wir sind nun eben auch da«, brummte Miguel.
»Fünfzehn Kinder! Für uns alle kann die Schwester nie genug zusammenbetteln«, rief Antonia.
»Wir sind nun aber mal da«, zischte Miguel jetzt schon böse.

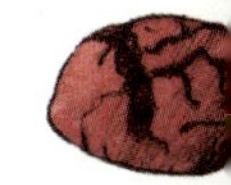

Pedro, der diese Zankerei nicht mochte, griff zum Eimer. »Ich hole Wasser«, sagte er.
Aber in diesem Augenblick öffnete sich die Tür.
»Die Schwester! Die Schwester!«, riefen die Kinder.
Die Schwester trug ein großes Paket. Nein, das war kein Paket. Das war ein Kind, in eine Wolldecke eingewickelt. Die Begeisterung der Kinder war wie weggeblasen.

Schwester Rosa legte das Bündel behutsam auf den Boden. Dann blickte sie die Kinder an und sagte: »Ihr habt heute lange warten müssen. Irgendjemand hat dieses kleine Mädchen unter eine Brücke gelegt. Ein Polizist machte mich darauf aufmerksam. Das Kind ist krank.« Die Kinder starrten auf das Mädchen. Sie sagten nichts. Die Schwester spürte es deutlich: Den Kindern war dieses kranke Kind nicht willkommen.

»Pedro, hol Wasser, das kleine Mädchen hat Durst«, bat sie. Pedro zeigte keine große Lust mehr, für das fremde Kind Wasser zu holen. Er warf einen sehnsüchtigen Blick auf die Tasche der Schwester. Wann endlich würde sie das Essen austeilen? Schwester Rosa erriet seine Gedanken. »Ich habe heute nicht viel«, sagte sie traurig. »Ich musste mich ja um das Kind kümmern. Morgen wird alles besser werden. Morgen gibt es Reis und Bohnen.«

Den Kindern lief beim Gedanken an solche Herrlichkeiten das Wasser im Mund zusammen. Sie hatten lange Zeit kein so gutes Essen mehr gehabt. Fleisch gab es sowieso höchstens an hohen Festtagen.

Pedro hielt noch immer den Eimer in der Hand.
»Willst du kein Wasser holen?«, fragte die Schwester.
Sie versprach ihm, dass das Brot erst verteilt werde, wenn er zurück sei. Jetzt konnte Pedro plötzlich schnell laufen.
»Ich helfe dir«, bot sich Miguel an und lief hinter ihm her. In Wirklichkeit hatte Miguels Hilfsbereitschaft einen anderen Grund. Er war eifersüchtig. Er wollte nicht länger mitansehen, wie sich die Schwester um das kranke kleine Mädchen sorgte.

Als Pedro und Miguel zurückkamen, hielt Jaco die Tasche der Schwester in der Hand.
»Darf ich sie jetzt öffnen?«
Die Schwester nickte. Jaco legte das Brot ehrfürchtig auf den Tisch.
»Es ist ein großes, frisches Brot«, sagte er dankbar. Am liebsten wären die Kinder sogleich über das Brot hergefallen.
Aber Schwester Rosa hatte sie inzwischen gelehrt, dass Brot eine Gottesgabe ist. Man soll es ehrfürchtig und dankbar genießen.

»Miguel soll das Brot austeilen«, entschied Schwester Rosa. Die Kinder gaben genau Acht, ob Miguel allen gleich große Stücke abschnitt.
»Du hast kein Brot für das kranke Mädchen berechnet, Miguel«, tadelte ihn die Schwester. Miguel tat so, als habe er nichts gehört.
»Miguel, die kleine neue Schwester braucht auch ein genau gleich großes Stück.«

Miguel blickte mit bösen Augen auf das Menschenbündel auf dem Boden.
»Schwester, schick das Mädchen fort«, bat er. »Wir haben nie genug zu essen, was sollen wir da noch mit einem kleinen kranken Mädchen anfangen?«

»Schwester, schick das Mädchen fort«, riefen nun auch die anderen Kinder. Das kleine Mädchen hörte diese grausame Bitte nicht. Es war vor Erschöpfung eingeschlafen.
Traurig blickte Schwester Rosa auf ihre Kinder. Hatte sie nicht alle auf der Straße aufgelesen? Haben diese Kinder ihr Elendsleben unter der Brücke vergessen?

»Schwester, wir sind schon so viele. Das Essen reicht nicht«, stammelte jetzt Miguel. Er hatte schon fast die Hälfte seines Brotes gegessen und festgestellt, dass er gut und gern die vierfache Menge essen könnte.
»Das Kind wird sterben, wenn ich es wieder unter die Brücke lege«, sagte die Schwester. Sie war von ihren Schützlingen enttäuscht. Konnten die Kinder wirklich so hartherzig sein? Sie beschloss, den Kindern eine entsprechende Geschichte zu erzählen.

»Wenn ich zu den Reichen gehe, was tue ich da?«, fragte sie.
»Du bittest um Essen und Kleider für uns«, riefen die Kinder.
»Ja. Aber wie sage ich das?«
Miguel blickte verlegen. Darüber hatte er noch nie nachgedacht.
»Vielleicht sagst du, in der Hütte leben arme Kinder, sie haben nichts zu essen«, bemerkte Pedro ganz verlegen.
»Setzt euch hin, Kinder! Wir spielen jetzt meine Betteltour«, rief die Schwester.

»Pedro spielt einen reichen Bankier. Margarida ist seine Frau«, bestimmte die Schwester.
Die Kinder amüsierten sich; es machte ihnen Spaß. Schwester Rosa ging vor die Tür. Sie klopfte an und trat in die Hütte.

»Senhor Pedro, ich komme mit einer großen Bitte«, begann sie.
Pedro wollte seine Rolle gut spielen. Es fiel ihm aber nichts ein.

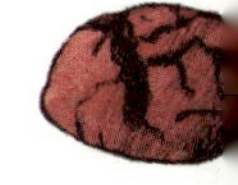

Die Schwester wartete auch nicht auf Antwort.
»Senhor Pedro. In einer Hütte am Stadtrand habe ich fünfzehn Kinder. Sie sind hungrig ...«
»Margarida, gib der Schwester zwei Brote«, befahl Pedro großzügig.
»Ich danke euch, Senhor Pedro. Aber gab es heute in eurem Hause nicht Fleisch, Eier und Gemüse? Und wenn ich mich nicht irre, gab es auch Kuchen! Sie sind doch Christ, Senhor Pedro! Christen sollten teilen.«
Pedro kratzte sich verlegen am Kopf. Es fiel ihm nicht leicht, sich in die Rolle eines Reichen hineinzudenken.

»Zwei Brote, das ist viel«, sagte Pedro. Dann fiel ihm wirklich nichts mehr ein.
»Mensch, sei doch nicht so geizig!«, zischte Miguel.
»Gib mehr!«, rief Jaco.
»Du bist ein Christ«, tuschelte Margarida.
»Ein Christ muss teilen«, riefen die Kinder.

Das war der Satz, auf den die Schwester gewartet hatte.
»Sind nur die reichen Menschen Christen?«, fragte sie.
»Nein, auch wir sind Christen«, antworteten die Kinder.
»Müssen nur die reichen Menschen teilen?«, fragte die Schwester.
»Alle Menschen müssen teilen«, antworteten die Kinder.

Jetzt wurde es plötzlich sehr still in der Hütte. Die Kinder schauten einander an. Die Freude am Spiel war ihnen vergangen. Sie blickten zu dem kleinen, schlafenden Mädchen hinüber.
»Soll ich das Kind wieder unter die Brücke legen?«, fragte die Schwester.
Die Kinder schüttelten verlegen den Kopf und schwiegen.

Vater feiert die halbe Messe

EINE AFRIKANISCHE GEMEINDE IM TSCHAD HAT KEINEN PRIESTER MEHR, DER MIT IHNEN EUCHARISTIE FEIERT. DIE GEMEINDEMITGLIEDER ÜBERLEGEN, WAS SIE TUN KÖNNEN, DAMIT JESUS BEI IHNEN BLEIBT.

Irgendetwas ist passiert. Die kleine Christine sah es den Leuten an, die sich zum Sonntagsgottesdienst versammelt hatten. Sie saßen unter dem Mangobaum neben der Buschkirche und diskutierten heftig miteinander.
Ob das mit Pater Felix zusammenhängt?, überlegte Christine. Der weiße Missionar war gestern Abend ganz unerwartet zu Vater gekommen. Papa war Katechist. Und beide fuhren wenig später zusammen fort. Am Morgen war Papa noch immer nicht zurück.

Christine zuckte zusammen. Herr Ngaibi schlug mit einem Stock an die Metallstange, die vom Mangobaum herabhing: das Zeichen zum Gottesdienst. Es wurde mäuschenstill. Aber Pater Felix war doch noch gar nicht da!

»Die meisten von euch wissen es schon«, begann jetzt Herr Ngaibi, der Präsident des Pfarreirates. »Pater Felix kommt heute nicht zu uns. Unsere Regierung in Ndjamena hat ihm befohlen, bis heute Abend unser Land zu verlassen. Warum, wissen wir auch nicht. Pater Felix ist jetzt in Mundu. Heute Nachmittag fliegt er in seine Heimat zurück.«
Alle schwiegen. »Pater Felix war gestern Nacht noch kurz hier«, berichtete jetzt Herr Ngaibi weiter. »Es war ihm aber nicht möglich, von euch allen Abschied zu nehmen.

Pater Felix kam, um mit mir und mit Herrn Gaba, unserem Katechisten, zu beraten, was wir jetzt tun müssen. Unser Bischof in Mundu kann uns keinen neuen Priester senden. Unser Katechist, Herr Gaba, wird von jetzt an den Sonntagsgottesdienst halten. Pater Felix will es so. Er bittet euch alle, unseren Katechisten in seinem Amt wie einen Bruder und Stellvertreter Christi zu unterstützen. Herr Gaba wird ...« Die letzten Worte verstand niemand mehr. Die Leute klatschten. Elias Gaba als Nachfolger! Wunderbar! Das hatten sie schon immer gedacht und gewünscht.

In diesem Augenblick trat Herr Gaba aus der Buschkapelle. Christine traute ihren Augen nicht. Papa trug ein langes, weißes Hemd und eine rote Stola. In den Händen hielt er ein großes Buch. Solche Bilder hatte Christine schon gesehen. Papa stand da im Kleid eines Diakons.

Jetzt schlug Herr Ngaibi wieder an die Eisenstange, die vom Baum herabhing und die Glocke ersetzte. Die Leute beruhigten sich. Gespannt schauten alle auf den neuen Diakon.
Christine hörte Papas Stimme: »Im Namen des Vaters ...«
Sie sah, wie er ein großes Kreuzzeichen über Gesicht und Brust schlug.

Papa machte alles genau gleich, wie Pater Felix es gemacht hatte. Zuerst das Schuldbekenntnis, dann die Bitte um die Sündenvergebung, zum Gloria ein Lied, dann das Gebet. Christine hatte keine Angst mehr um Papa. Er machte alles richtig. Jetzt kam die Lesung. Das war schon früher das Amt von Herrn Ngaibi, als Pater Felix noch hier war.

»Lesung aus dem Propheten Jesaja«, begann Herr Ngaibi. »Weh mir! Ich bin ein Mensch mit unreinen Lippen. Trotzdem habe ich

mit meinen Augen Gott gesehen. Ein Engel Gottes kam auf mich zu. Er hatte einen glühenden Stein in der Hand. Damit berührte er meinen Mund und sprach: Siehe, deine Lippen sind rein.«
Christine kannte diesen Text. An jenem Tag, als Papa Katechist wurde, predigte Pater Felix über diese Stelle.

Jetzt klappte Herr Ngaibi sein Buch zu. Er zog einen Zettel aus der Tasche und sagte: »Ich werde euch einen Brief von Pater Felix vorlesen:

›Liebe Brüder und Schwestern! Vor einem Jahr ist Elias Gaba euer Katechist geworden. Ich habe euch damals das Wort des Propheten Jesaja vorgelesen und erklärt. Jetzt wird es ernst.
Von jetzt an wird Elias Gaba euch das Wort Gottes verkünden. Hört auf sein Wort und bleibt Christus treu. Euer Katechist ist jetzt euer Lehrer. Dazu habe ich ihn gesegnet.
Ich grüße euch alle herzlich und bete für euch, euer Bruder in Christus, Pater Felix.‹«

Die Leute hatten alle aufmerksam zugehört. Jemand stimmte ein Lied an. Alle sangen mit. Sie klatschten in die Hände und tanzten. Erst, als Herr Ngaibi wieder an das Eisenrohr schlug, wurde es ruhig.

»Der Herr sei mit euch!«, erklang nun die Stimme des Diakons. »Aus der Frohbotschaft nach dem heiligen Johannes.« Christine war gespannt. Was wird Vater jetzt vorlesen? Papa begann: »Pater Felix bat mich, euch allen heute dieses Gebet Jesu vorzulesen: Ich bitte dich, Vater,

für alle Menschen, damit sie eins werden, damit die ganze Welt glaubt, dass du mich gesandt hast. Ich habe die Herrlichkeit, die du mir gegeben hast, ihnen gegeben ...«
Christine verstand nichts mehr. Das war schrecklich schwer. Alle sollen eins sein? Was soll das heißen? Papa verstand das wahrscheinlich, sie nicht. Sie wird ihn heute Abend fragen ...

Plötzlich schreckte Christine aus ihrer Träumerei auf. Das war nicht mehr Vaters Stimme. Das war der alte Rumba, der da sprach: »Nein, das ›Vater unser‹ beten wir jetzt noch nicht. Vor der Kommunion dann. Zuerst musst du die Messe halten. Dazu gehört Opferung und Wandlung. Das brauchen wir, sonst sind wir keine richtigen Christen.«
Christine schaute verängstigt zu Papa. Was wird Vater tun? Den alten Leuten durfte man nicht widersprechen. Das wusste sie. Und Vater hatte das Wort der Alten immer geachtet.

Papa blieb ganz ruhig. »Lieber Herr Rumba! Ich ehre Ihre Worte«, sagte er. »Aber als Katechist darf ich nur die halbe Messe feiern. Ich darf euch Gottes Wort verkünden, aus dem Evangelium vorlesen und predigen. Damit müsst ihr euch zufriedengeben.«

Jetzt stand Dramane auf. Er war der Zweitälteste in der Versammlung. Ein Schlaukopf! Das wussten alle. »Wenn du nur die halbe Messe feiern darfst, dann halte du die Hälfte, die wichtiger ist; jene, wo Jesus Christus zu uns kommt. Die brauchen wir.«
Die Leute klatschten Beifall. Christine bekam es wieder mit der Angst zu tun. Was wird Papa darauf antworten?

»Herr Dramane«, hörte sie Papas Stimme. »Eben das geht nicht. Nur der Priester kann Brot und Wein in Jesu Fleisch und Blut verwandeln. Ich bin ein Katechist. Aber hört jetzt gut zu und

verstopft nicht eure Ohren! Hört auf Gottes Wort! Dann ist nämlich Gott auch unter uns. Wir können ihn zwar nicht sehen, aber wir hören ihn. Und Hören ist viel wichtiger. Das wisst ihr alle. Sehen kann man nur am Tag. Hören dagegen kann man am Tag und in der Nacht. Wenn wir wollen, dass Gott immer bei uns ist, dann müssen wir vor allem hören.«
Der alte Rumba nickte. »Du hast schon Recht, Elias«, sagte er. »Aber da ist noch etwas, das wir nicht vergessen dürfen. Der Sonntag ist ein Fest, ein Feiertag. Es genügt nicht, wenn wir nur auf Gottes Wort hören. Wir müssen auch feiern, essen und trinken. Wir alle sind ja Brüder und Schwestern, Freunde. Mit Freunden muss man feiern. Das war schon immer so. Die Messe war unser Fest und unsere Feier. Als Christen feiern wir jeden Sonntag dieses Fest. Wenn wir nur hören und nicht feiern, sind wir bald keine Freunde mehr. Dann sind wir nur noch halbe Christen.«

Christine beobachtete ihren Vater. Er sah ganz traurig aus. »Das stimmt alles«, sagte er. »Wir müssen den Sonntag feiern. Das ist unser Fest. Wir gehören zusammen. Wir haben es ja im Evangelium gehört. Aber ich weiß nicht, was wir tun müssen. Ich darf die Messe nicht feiern. Nur der Priester darf das.«

Wieder stand der alte Dramane auf. »Elias, wir wollen den Sonntag richtig feiern«, sagte er. »Wenn das stimmt, was du uns vom Hören gesagt hast, dann finden wir schon eine Lösung. Ich schlage vor, du feierst in Zukunft zuerst deine Messe; jene, die du darfst. Dann feiern wir, die andern, die zweite Hälfte. Wir trinken zusammen Bier und essen gemeinsam unsere Hirse. Wenn dann Jesus Christus bei der ersten Hälfte dabei ist, dann bleibt er bestimmt auch bei der zweiten. Denn ein richtiger Freund läuft nicht davon. Er bleibt.« Die Leute klatschten riesigen Beifall.

Aber jetzt stand Herr Ngaibi auf und sagte: »Das ist dann aber keine richtige Messe.«
»Aber eine richtige Feier«, erwiderte Dramane schlagfertig. »Das brauchen wir. Herr Rumba hat Recht. Und im Übrigen«, fuhr Dramane fort, »wenn Jesus Christus in der ersten Hälfte zu uns spricht und unter uns ist, dann kann ihm kein Bischof und niemand verbieten, dass er auch bei uns bleibt, wenn wir essen und feiern.«

Dagegen wusste niemand mehr etwas einzuwenden. So stand der alte Rumba noch einmal auf und ergriff das Wort: »Gut, ich sehe, ihr seid alle einverstanden. Dann wollen wir es von jetzt an so machen. Wir wollen in Zukunft ganz gut hinhören, danach können wir auch richtig feiern. Ich schlage vor: Je fünf Familien tun sich zusammen. Sie sollen das Bier und die Hirse für je einen Sonntag vorbereiten. Herr Ngaibi sagt uns dann jeweils, bei welchen Familie wir uns am Sonntag treffen. Am kommenden Sonntag kommt ihr alle zu mir. Ihr seid meine Gäste.«

Die Leute klatschten und erhoben sich. Herr Ngaibi klopfte nochmals mit seinem Stock an die »Buschglocke« und rief:

»Unser Katechist wird das Schlussgebet sprechen.«
Elias Gaba betete.
»Dank sei Gott, dem Herrn!«, antworteten alle auf den Friedensgruß.
Die kleine Christine rannte auf ihren Vater zu. Sie umarmte ihn. Sie war so stolz auf Papa. Jetzt kam es ganz auf ihn an.
Er musste schauen, dass Gott bei ihnen blieb. Christine hatte das gut verstanden. Und sie war sicher, auf Papa konnten sich alle verlassen.

Die Nacht der Entführung

NACH DER ERSTKOMMUNION VON DANIEL UND MARCUS IN PANAMA PASSIERT ETWAS SCHRECKLICHES. IHR PRIESTER WIRD VERRATEN UND ENTFÜHRT. ER ZEIGT, DASS CHRISTLICHER GLAUBE AUCH HINGABE FÜR ANDERE MENSCHEN BEDEUTET.

Campesinos werden die Bauern in Panama genannt. Sie wohnen in einfachen Lehmhütten und arbeiten auf den Feldern der Reichen. Der Reiche, der ihnen Arbeit gibt, wird »Patron« genannt. Der Patron ist sehr mächtig. Die Bauern müssen tun, was er befiehlt. Für ihre Arbeit bekommen sie nur einen kleinen Lohn. Wenn sich die Bauern ein Kleidungsstück kaufen wollen oder wenn in der Familie jemand krank wird, gehen sie zum Patron und leihen sich Geld. Es fällt ihnen sehr schwer, dieses Geld zurückzuzahlen. So geraten viele Bauern immer tiefer in Schulden.

Jos Canuza war ein solcher Bauer in Panama. Er hatte neben seiner Hütte ein kleines Feld. Darauf pflanzte er Zuckerrohr an. Wenn er sein Zuckerrohr verkaufte, verdiente er kaum etwas. Sein Patron war nämlich der Händler. Er besaß eine eigene Zuckerrohrmühle und steckte den Gewinn für sich ein.

Jos hatte eine Frau und acht Kinder. Seine beiden ältesten Söhne Marcus und Daniel hatten selten Zeit, in die Schule zu gehen. Sie mussten nämlich auch auf den Feldern des Patrons arbeiten. Abends waren sie dann sehr müde und hatten kaum noch die Kraft, ihre Schulaufgaben zu machen.

Die Mutter war oft krank und brauchte teure Medizin. Der Vater musste dann zum Patron gehen und sich Geld leihen.

»Ich bin der Sklave des Patrons«, sagte er oft. Marcus und Daniel sahen den Vater oft weinen, aber sie wussten nicht, wie sie ihm helfen konnten.

Doch dann lernte Jos Canuza den Padre kennen. Padre Jacinto besuchte alle Bauern in der Umgebung von Vagualque, wo Jos Canuza lebte. Der Padre sah, dass die meisten Campesinos Angst vor dem mächtigen Patron hatten. Er beschloss, etwas für die Bauern zu tun. Er gründete eine Genossenschaft. Das ging so vor sich: Er rief mehrere Bauern zusammen und sagte ihnen: »Es ist nicht gut, wenn ihr Zuckerrohr und all die Früchte, die ihr erntet, an den Patron verkauft. Ihr müsst die Sachen selbst zum Markt bringen; denn sonst verdient ihr ja nichts daran!« Zuerst wollten die Bauern nicht auf Padre Jacinto hören. Sie fürchteten den Zorn des Patrons. Aber nach und nach sahen sie ein, dass es der Padre nur gut mit ihnen meinte. Er half ihnen, eine Hütte zu bauen. Er beschaffte ihnen sogar einen Lastwagen, damit sie die Waren in die Stadt bringen konnten.

Jos Patron hatte ein großes Haus, ein Auto und jeden Tag genug zu essen. Als Jos nach und nach seine Schulden bei ihm abzahlte, wurde er sehr wütend. »Der Stolz steigt diesem Lumpen noch in den Kopf«, murrte er. »Ich will Bauern, die von mir abhängig sind, und keine Händler; der Händler bin ich.«

Jos hörte nicht auf die Reden seines Patrons. Er traf sich jede Woche mit Padre Jacinto; mit anderen Bauern zusammen bildeten sie eine Gemeinschaft. Der Padre feierte mit ihnen die Eucharistie. Dann sprachen sie über die Bibel. Marcus und Daniel begleiteten ihren Vater oft, wenn er zu Padre Jacinto ging. Einmal sagte der Padre zu Jos: »Deine beiden Söhne sind alt genug, sie sollen nun auch kommunizieren.«

Jos erschrak. »Padre«, sagte er, »das geht nicht. Wenn meine Söhne zur ersten heiligen Kommunion gehen, muss ich ein Fest geben. Meine Söhne brauchen dann auch neue Kleider. Aber ich habe kein Geld, darum müssen sie noch warten.«

Der Padre war ganz anderer Ansicht. »Jesus sieht nicht auf die Kleider«, sagte er. »Er selbst gibt das Fest. Ich lade dich und die anderen Bauern am nächsten Sonntag ein. Wir werden in der Kirche ein schönes Fest feiern. Dabei werden dann auch Marcus und Daniel kommunizieren.«

Jos widersprach nicht mehr. Die Kinder freuten sich. Daheim wusch ihnen die Mutter sorgfältig Hosen und Hemd. »Wenn ihr auch keine neuen Kleider habt«, sagte sie, »so sollt ihr doch sauber vor den Herrgott treten.«

Es war ein herrlicher Tag, als Daniel und Marcus in Begleitung ihrer Eltern und Geschwister zur Kirche gingen. Unterwegs begegneten sie vielen Bauern. »Sie alle sind Freunde des Padre«, sagte der Vater. Die Kirche war beinahe zu klein, um all die vielen Menschen zu fassen. Daniel und Marcus durften vorbeten. Als Marcus sich vor den Altar stellte, sah er, dass auch der Patron in der Kirche war. Doch der Patron schaute immer nur auf den Priester und machte ein sehr böses Gesicht.

»Was will der denn hier?«, flüsterte Marcus seinem Bruder zu. »Der geht doch sonst nie in die Kirche. Der will sicher nur hören, was der Padre predigt. Dann geht er wieder zur Polizei und zeigt den Priester an.«

Padre Jacinto aber predigte wie immer. Er sprach über das Leben der Bauern: »Christus hat euch alle befreit. Der Mensch darf

den Menschen nicht ausnützen. Ihr alle müsst in der kommenden Woche zu mir kommen. Gemeinsam wollen wir dann überlegen, wie wir bessere Pflüge, Hacken und andere Werkzeuge anschaffen können. Gott ist sicher nicht zufrieden, wenn die Familien der Bauern darben. Gott hat die Menschen nicht nur für den Himmel, sondern auch für die Erde geschaffen ...

Es war eine gute Predigt. Die Bauern nickten. Ihre Augen leuchteten. Marcus und Daniel verstanden nicht alles. Aber sie begriffen, dass es gefährlich war, vor dem Patron solche Worte zu sagen. Der alte Priester, der vorher bei ihnen gewesen war, hatte ganz anders gepredigt. »Die Armen müssen dem Patron gehorchen«, hat er immer gesagt. »Wenn ihr ein schweres Leben habt, dann ist euch später die Freude des Himmels sicher.«
»Lieber Gott, lass den Padre noch lange bei uns«, beteten Marcus und Daniel, als der Priester ihnen den Leib des Herrn reichte.

Jos, ihr Vater, hatte es sich nicht nehmen lassen, doch ein kleines Fest zu feiern. Dazu lud er den Padre und einige Leute ein.
»Wir haben ein Huhn geschlachtet und Brot gebacken«, rief er.
»Kommt zu mir in meine Hütte! Dort wollen wir zusammen essen und feiern.«
Der Patron hörte diese Worte. »Du hast wohl zu viel Geld«, rief er ärgerlich. »Dieser Priester ist schuld, dass alle meine Arbeiter ungehorsam und faul werden.«
Die Bauern ballten die Fäuste. Aber sie sagten nichts.

Viele Freunde gingen mit in Jos Hütte. Daniel und Marcus waren sehr stolz auf die vielen Gäste. Abends sagte ihr Vater zu Padre Jacinto: »Es ist schon viel zu spät, du kannst nicht mehr nach Hause. Das ist zu gefährlich. Übernachte bei uns. Morgen werden wir dich dann zurückbringen.« Padre Jacinto war

einverstanden. Jos Frau bereitete dem Priester ein Lager. Die anderen Freunde nahmen Abschied, und in der Hütte wurde es bald still. Alle schliefen.
Da, plötzlich klopfte es an der Türe. Alle in der Hütte hörten es. Zwei Männer standen draußen. »Wir müssen mit Padre Jacinto sprechen«, sagten sie. Daniel und Marcus wurden sehr neugierig. Sie schauten durch die Bretterwand des Hauses und sahen zwei Fremde in Uniform. Dann hörten sie die Stimme des Priesters.
»Ich ziehe mich an, dann komme ich«, sagte Padre Jacinto.
»Geh bitte nicht, dies sind deine Feinde«, hörten die Kinder den Vater flüstern. Der Priester achtete nicht auf seine Worte.
»Wenn meine Stunde gekommen ist, dann muss ich gehen«, antwortete er.
»Ich möchte nur wissen, woher diese Leute wissen, dass du bei uns bist«, flüsterte der Vater wiederum.
»Es gibt Freunde, die schrecken auch vor einem Verrat nicht zurück«, antwortete der Priester.
Er sagte das ganz ruhig.
»Wir müssen etwas unternehmen«, sagte Daniel zu Marcus.

Die Erwachsenen achteten nicht auf die Kinder, die sich heimlich durch die Hintertür aus dem Hause schlichen. Sie versteckten sich hinter einem Holzhaufen vor der Hütte. Der Mond schien ziemlich hell. Sie konnten alles gut beobachten. Sie sahen, wie ihr Vater die Tür der Hütte öffnete. Dann vernahmen sie die Stimme der Fremden:
»Wir müssen den Priester allein sprechen, es ist wichtig.«

Padre Jacinto hatte sich unterdessen angezogen. Er trat vor die Hütte. »Niemand darf uns hören«, sagten die Fremden zu ihm. »Bitte kommen Sie in die Nähe des Autos. Dort werden wir Ihnen alles sagen.«

Daniel und Marcus hielten voller Spannung den Atem an. Dann plötzlich zischte Marcus: »Er sollte nicht mitgehen! Wenn er nur das nicht tut!« Padre Jacinto aber entschloss sich anders. Er folgte den Fremden zum Auto. Die beiden sagten etwas zum Priester. Die Jungen konnten aber nichts verstehen.

Dann ging alles sehr schnell. Einer der Männer fiel Padre Jacinto von hinten an. Padre Jacinto wollte schreien. Was aus seinem Munde kam, glich aber eher einem Stöhnen. Es war offensichtlich, dass man Padre Jacinto den Mund zuhielt. Ein kurzes Handgemenge. Dann plötzlich ein unterdrückter Schrei und kurz darauf ein Aufstöhnen. Einer der Männer stieß Padre Jacinto in den Wagen. Türen knallten, der Motor des Wagens heulte auf, Scheinwerfer leuchteten ins Dunkle, der Wagen fuhr weg. Im Mondschein sahen Marcus und Daniel ein weißes Klappverdeck.
»Der Padre! Sie bringen unseren Padre fort«, schrie Daniel.
Die Tränen rannen ihm über die Wangen.

In diesem Augenblick rannten auch die Eltern aus der Hütte. Sogar die kleinen Geschwister waren wach geworden.
»Warum haben sie unseren Padre fortgebracht?«, schluchzte Marcus.
»Diese Fremden waren keine guten Menschen.«
»Vater, vergib ihnen, sie wissen nicht, was sie tun«, betete der Vater. Die Mutter weinte. Einige Nachbarn kamen gelaufen. Sie boten sich an, den Wagen zu verfolgen.
»Es hat keinen Zweck«, sagte Jos. Seine Stimme zitterte.

Es hatte wirklich keinen Zweck. Monate später war Padre Jacinto noch immer nicht gefunden.

Von jetzt an feierten sie ihren Sonntagsgottesdienst ohne Priester. Als sie das erste Mal zusammenkamen, ergriff Jos das Wort:

»Die Entführung von Padre Jacinto erinnert an die Gefangennahme Jesu. Auch damals gab es einen Verräter, der den Feinden des Herrn den Weg wies. Auch Christus wurde zu nächtlicher Stunde gefangen genommen. Auch Christus wehrte sich nicht.«
Es wurde sehr still in der Kirche. Plötzlich begann einer der Campesinos zu singen. Die anderen stimmten ein:

»Weil ich die Campesinos befreite,
weil ich ihr Schicksal wendete,
darum führten sie mich fort.
Weil ich ihre Rechte forderte,
darum durfte ich nicht bei ihnen bleiben.«

»Padre Jacinto, bitte für uns«, beteten die Leute. Sie alle wussten, dass der Padre kaum mehr am Leben war, aber sie fühlten seine Nähe. Er hatte sich für sie geopfert.

8 Gott hält alle über Wasser

Familie Silva in Brasilien ist in Not. Dazu trifft sie noch ein Unglück. Alle sind verzweifelt. Trotzdem erkennen sie: Wir Menschen müssen Not ändern, im Vertrauen auf Gott.

Die Familie Silva lebt in der wunderschönen Stadt Salvador. Der richtige Name der Stadt heißt eigentlich »Stadt des Erlösers in der Bucht aller Heiligen«. Aber die Familie Silva weiß das nicht. Sie wohnt auch nicht in den prachtvollen Häusern der Stadt. Die Familie Silva lebt am Stadtrand draußen, in den Alagados, im schrecklichsten Elendsviertel weit und breit. Mehr als 80 000 Menschen hausen hier in armseligen Bretterhütten. Diese Hütten stehen auf Pfählen im Wasser draußen. Die Bewohner dieser Pfahlbauten nähren sich von Krebsen, die im Schlamm unter den Hütten leben.

Eines Tages hatte der Bürgermeister von Salvador eine gute Idee. »Leute«, sagte er, »in den Straßen unserer Stadt gibt es so viel Schmutz und Dreck und Abfall. Das hält niemand mehr aus. Wir wollen unsere wunderschöne Stadt sauber machen. Den Kehricht fahren wir zu den Alagados hinaus. Dort füllen wir den Sumpf auf. So bekommen die Leute in den Alagados allmählich Boden unter die Füße. Den Boden können sie behalten. Später können wir ihnen dann auch Leitungen legen, damit sie Trinkwasser und Strom in ihren Hütten haben.«

Die Bewohner von Salvador freuten sich. Die Leute in der Stadt, weil sie ihren Dreck loswurden. Die Leute in den Alagados, weil schon bald die ersten Hütten auf festem Boden standen. Tag für Tag kam jetzt alle fünfzehn Minuten ein Kehrichtwagen und schüttete den Abfall aus der Stadt unter die Pfahlbauten. In dem stinkenden Abfall aber fanden die Bewohner der Alagados vieles, was sie brauchen konnten. Denn der Abfall kam von den Reichen. Sie aber waren arm.

Eines Tages sagte Herr Silva zu seiner Frau: »Die Sache mit dem Abfall gefällt mir nicht. Der Sumpf wird immer kleiner. Es gibt

immer weniger Krebse. Wenn das so weitergeht, haben wir bald nichts mehr zu essen.«
»Du hast Recht«, antwortete Frau Silva. »Früher gab es viel mehr Krebse. Ich bin jeden Tag zur Straße hinübergegangen und habe immer sechs oder sieben gekochte Krebse verkaufen können. Wir brauchen schließlich das Geld, damit wir unseren Kindern Kleider kaufen können. Trotzdem hatten wir immer genug zu essen. Wenn ich jetzt zur Straße hinübergehe, habe ich immer nur einen oder zwei Krebse im Kessel. Mehr darf ich nicht verkaufen. Die Kinder gehen schon lange jeden Tag mit hungrigem Magen vom Tisch weg, weil nichts mehr da ist.«

»Ich weiß, ich weiß«, antwortete Herr Silva. »Aber was soll ich tun? Unsere sechs Kinder essen jeden Tag mehr. Und die kleine Rosita, unser Liebling, hat auch schon Hunger wie ein richtiges Mädchen. Was sollen wir machen? Wir können die Kinder nicht verhungern lassen.«
Frau Silva wusste darauf keine Antwort.

Als Frau Silva am folgenden Tag wieder zur Straße hinüberging, waren wiederum nur zwei Krebse im Kessel. Schon bald fand sich ein Käufer ein. Aber er kaufte nur einen.
»Ich muss Geduld haben, Geduld. Es kommt bestimmt noch jemand«, sagte sich Frau Silva. Sie wartete und wartete.

Plötzlich hörte Frau Silva ein Kind schreien: »Frau Silva, Frau Silva!« Die Stimme kannte sie. Das war Remedio, der Kleine aus der Hütte der Nachbarn, der immer mit Rosita spielte. Was war los?
»Frau Silva, Frau Silva!« Der kleine Remedio kam aus der Pfahlbausiedlung heraus über den Steg gerannt. »Frau Silva, Sie müssen kommen! Rosita ist ertrunken!«

Frau Silva ließ den Kübel mit dem Krebs fallen und rannte geradewegs über die Straße auf den Steg zu. Ein Auto quietschte. Sie hörte es nicht.
»Rosita, Rosita! Das darf doch nicht wahr sein! Das kannst du uns nicht antun!«, schrie Frau Silva. Der ganze Steg, der zur Hütte

der Familie Silva in den Sumpf hinausführte, wackelte. Da und dort streckten die Leute den Kopf aus den Hütten. »Ist die verrückt? Die fliegt im nächsten Moment in den Dreck hinunter«, brummten sie und schüttelten den Kopf.

Frau Silva zwängte sich durch die Leute hindurch, die vor ihrer Hütte auf dem Steg standen. »Rosita, Rosita«, schrie sie, als sie die Türe erreichte und die kleine Rosita auf dem Boden liegen sah; nass, ohne Bewegung, mit geschlossenen Augen. Die Leute, die Rosita beatmeten, waren verzweifelt. Es nützte nichts. Zu spät hatte man Rosita entdeckt. Sie war im Schlamm erstickt, während Herr Silva mit den beiden Ältesten im Sumpf draußen fischte. Die andern Geschwister wühlten zur gleichen Zeit irgendwo im Abfall, und Frau Silva verkaufte ihre beiden Krebse.

Die Leute vor der Hütte verschwanden allmählich wieder. Sie hatten sich damit abgefunden. Jede Woche musste sich eine Familie in den Alagados damit abfinden, dass eines ihrer Kinder ertrank. Das war schon immer so. Das konnte man nicht ändern. Nur Frau Silva wurde innerlich damit nicht fertig. Warum gerade Rosita? Warum Rosita? Sie war doch der Liebling aller!

Herr Silva versuchte, seine Frau zu trösten: »Vielleicht ist das der Weg, wie Gott uns aus unserer ganzen Not retten will. Wie er uns vor noch größerem Hunger und Elend bewahren will.« Aber dann hatte Herr Silva doch wieder das Gefühl, dass in diesen Worten kein Trost lag. Auch beim Nachtessen änderte sich die Stimmung nicht. Alle waren traurig, obwohl es das erste Mal war, dass alle satt wurden und noch etwas übrig blieb. Viel lieber als das Essen wäre ihnen Rosita gewesen. Warum musste Rosita sterben? War das wirklich der Wille Gottes? Warum nur konnte Gott so etwas tun?

»Gott hat das weder ›getan‹ noch ›zugelassen‹«, erklärte Padre Geraldo, als er am Abend die trauernden Eltern von Rosita besuchte. »Er will das alles nicht, weder Unglück noch Hunger oder Not.« »Aber warum hat er es dann nicht wenigstens verhindert!«, schluchzte Frau Silva und brach wieder in Tränen aus.

»Frau Silva! Nicht Gott, sondern wir müssen das verhindern«, sagte Padre Geraldo ruhig und liebevoll. »Wir Menschen sind schuld am Elend und am Hunger. Es sind immer die Menschen, die andere Menschen in Not hineintreiben. Nicht Gott, wir müssen etwas dagegen tun. Wir müssen dafür sorgen, daß die Krebse nicht aussterben, sondern sich vermehren. Wir müssen schauen, dass keine Kinder mehr ertrinken. Nicht Gott macht das Unglück, sondern die Menschen, und es geschieht, weil die Menschen es zulassen und machen.«
Padre Geraldo hielt einen Augenblick inne. Er sah die traurigen Gesichter von Herrn und Frau Silva. Dann fuhr er fort:

»Aber was immer wir tun, Gott hilft uns. Er hilft auch Ihnen, Herr und Frau Silva.
Schaut! Als die Menschen das größte Unglück planten und ausführten, hat Gott es auch nicht verhindert. Wir haben Jesus, seinen Sohn, getötet. Etwas Schlimmeres konnte nicht passieren. Aber Jesus hat uns gerettet!
Er tut es auch heute noch, in jeder Not, in jedem Unglück.
Er weiß immer einen Weg, wie er uns heraushelfen kann aus unserer Not.«

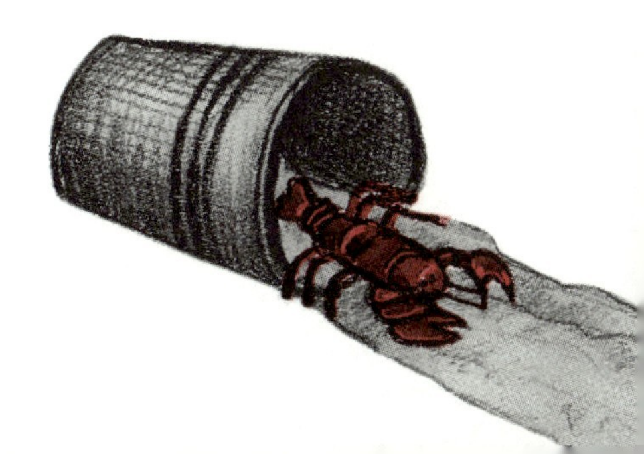

9 Mutter, jetzt sehe ich Gott

RAGHNI, DAS TODKRANKE MÄDCHEN, LIEGT AUF EINER STRASSE IN KALKUTTA. SCHWESTERN, DIE DEN KRANKEN DIENEN, FINDEN DAS KIND. RAGHNI ERFÄHRT DURCH DEREN BARMHERZIGKEIT DIE LIEBE GOTTES, DIE UNS AUCH RUHIG STERBEN LÄSST.

Es war furchtbar heiß in den Straßen. Dicke Fliegenschwärme setzten sich auf die Abfälle. Alles stank nach Schmutz und Schweiß. Es war der unbarmherzige Geruch des Elends.

Um die Mittagszeit, wenn es am Straßenrand in der Sonne nicht mehr auszuhalten war, kroch Raghni in den Schatten eines Hauseingangs. Nur wenn sie Glück hatte, konnte sie dort eine Zeit lang liegen bleiben. Meistens wurde sie bald wieder vertrieben.

Aufrecht laufen wie ein Mensch konnte das kleine Mädchen nicht mehr. Es war zu krank und schwach. Sein Bauch war aufgebläht. Wenn Menschen lange Zeit hungern, füllt sich ihr Bauch mit Wasser. Raghni hatte lange, sehr lange Zeit gehungert.

Einmal kam ein erwachsener Bettler. Er sah das Elendsbündel am Rinnstein und überlegte, ob das Mädchen noch zum Betteln zu gebrauchen sei. Er wusste nämlich, kleine Mädchen erhalten leichter eine Gabe als erwachsene Menschen. Er stieß Raghni mit den bloßen Füßen und schrie: »He, schäl dich mal aus deinen Fetzen. Lass sehen, ob du ein mitleiderregendes Gesicht hast!«

Raghni machte einige Anstrengungen. Sie wollte aufstehen. Es gelang ihr aber nicht. »Da ist nichts mehr zu wollen«, sagten die Bettler. »Die stirbt sowieso bald.«

Manchmal kamen Bettlerkinder. Sie brachten Raghni Wasser und ab und zu etwas Reis oder eine Banane. Raghni war viel zu schwach und zu müde, um die vielen Fliegen zu verscheuchen, die sich gleich auf das Essen setzten.

»Wirst du auf der Straße sterben?«, fragten die Bettlerkinder das kleine Mädchen. Sie blickten auf Raghnis dicken Bauch, den die Lumpen nur schlecht verhüllten. »Die meisten Menschen, die hier auf der Straße sterben, sind alt«, sagten sie. »Wenn sie Glück haben, werden sie von frommen Frauen in ein Sterbehaus gebracht.«

Seit Raghni davon wusste, wünschte sie, in ein solches Haus gebracht zu werden.

Früher hatte Raghni in einem Dorf gelebt. Sie hatte eine Mutter und eine kleine Schwester gehabt. Mutter und Schwester waren bei der großen Flut ums Leben gekommen, und Raghni hatte sich einem Flüchtlingsstrom angeschlossen. Monatelang waren sie unterwegs gewesen. Sie hätte nicht einmal sagen können, wie sie nach Kalkutta, dieser großen Stadt in Indien, gekommen war. In der ersten Zeit hatte sie oft nach ihrer Mutter geschrien. Sie hatte geweint vor Heimweh und Sehnsucht. Jetzt war sie sogar zu schwach zum Weinen. Sie wollte schlafen, immer nur schlafen.

Raghni hatte keine Angst vor dem Tod. Immer tiefer grub sie ihren Kopf in die Lumpen. Wenn die Sonne schien, konnte sie nicht schlafen. Erst abends, wenn es ein wenig kühler wurde, versank sie in einen unruhigen Schlaf.

»Mein Gott, dieses Bündel Menschlein lebt ja noch«, hörte sie eines Abends die Stimme einer Frau. Es war eine gute Stimme.

Jetzt bringen sie dich in das Sterbehaus, dachte Raghni. Sanfte Hände legten sie auf ein Brett, das mit Stoff überzogen war. Dann schob man sie auf ein Auto. Raghni war glücklich. Sie wollte etwas sagen, aber sie konnte nicht einmal ihre Augen aufschlagen. Die Augenlider waren so schwer. Dann merkte sie, dass eine der Frauen ihre Lumpen ein wenig zur Seite schob. Sie spürte einen kleinen Stich am Oberschenkel. Schon wenige Minuten später konnte sie besser atmen. Die Müdigkeit war auch nicht mehr so groß.

»Das Kind ist höchstens acht Jahre alt«, sagte eine der Frauen. »Durst«, jammerte Raghni. Sie bekam etwas zu trinken. »Nicht zu viel auf einmal«, sagte die Frau. »Später darfst du trinken, soviel du willst. Jetzt muss sich dein Magen erst wieder an Speise und Trank gewöhnen.«

Nach einer Weile wurde das Brett wieder aufgehoben. Raghni hatte jetzt die Kraft, ihre Augen zu öffnen. Sie sah drei Frauen, die lange, weiß-blaue Gewänder trugen. Sie brachten Raghni in einen großen Saal. Hier war es angenehm kühl. Zwei der Frauen kümmerten sich um das kleine Mädchen. Sie wuschen mit Wasser und Seife den Schmutz von ihrem mageren Körper. Das war keine leichte Arbeit. Der Schmutz hatte sich tief in die Haut eingefressen. Die Frauen mussten immer wieder frisches, warmes Wasser holen. Dann rasierten sie Raghni auch die Haare ab. »Deine Haare werden wieder wachsen«, trösteten sie das Kind. »Wenn wir sie abrasieren, bist du alle Läuse los. Sie können dich dann nicht mehr plagen.«

Als Raghni sauber war, kleideten sie sie in ein kühles, weißes Hemd. Dann wurde sie in ein richtiges Bett gelegt. Jetzt endlich konnte das Kind schlafen. Sonne und Ungeziefer quälten es nicht mehr.
Raghni schlief immer wieder viele, viele Stunden. Wenn sie aufwachte, beobachtete sie die Frauen. Sie pflegten die Kranken in dem großen Saal. Keine Arbeit war ihnen zu viel. Sie schleppten Wasser, sie wuschen die Kranken, sie verbanden ihre Wunden. Sie verteilten Medizin und spendeten Trost. Sie fütterten die, die nicht selbst essen konnten. Immer waren sie da. Immer dienten sie den Kranken.

Raghni war jedesmal überglücklich, wenn eine der Frauen sich über ihr Bett beugte. Wenn sie erwachte, gab man ihr Obstsaft oder warme Milch zu trinken. Raghni nahm dankbar Schluck um Schluck. Aber noch mehr als das gute Getränk schätzte sie es, wenn sich eine Hand auf ihre Stirne legte und wenn sie eine liebe Stimme hörte.

An den Anblick des Todes hatte sich das Kind schnell gewöhnt. Die Frauen saßen dann längere Zeit an einem Bett. Sie bewegten die Lippen. Raghni wusste, sie beten. Die meisten Kranken starben sehr still und ruhig. Ein letzter Blick der Dankbarkeit streifte die Frauen, die an ihrem Bett saßen.

Zunächst schien es, als würde sich Raghni bei der guten Pflege erholen. »Wer bist du, und was machst du hier?«, fragte sie ein-

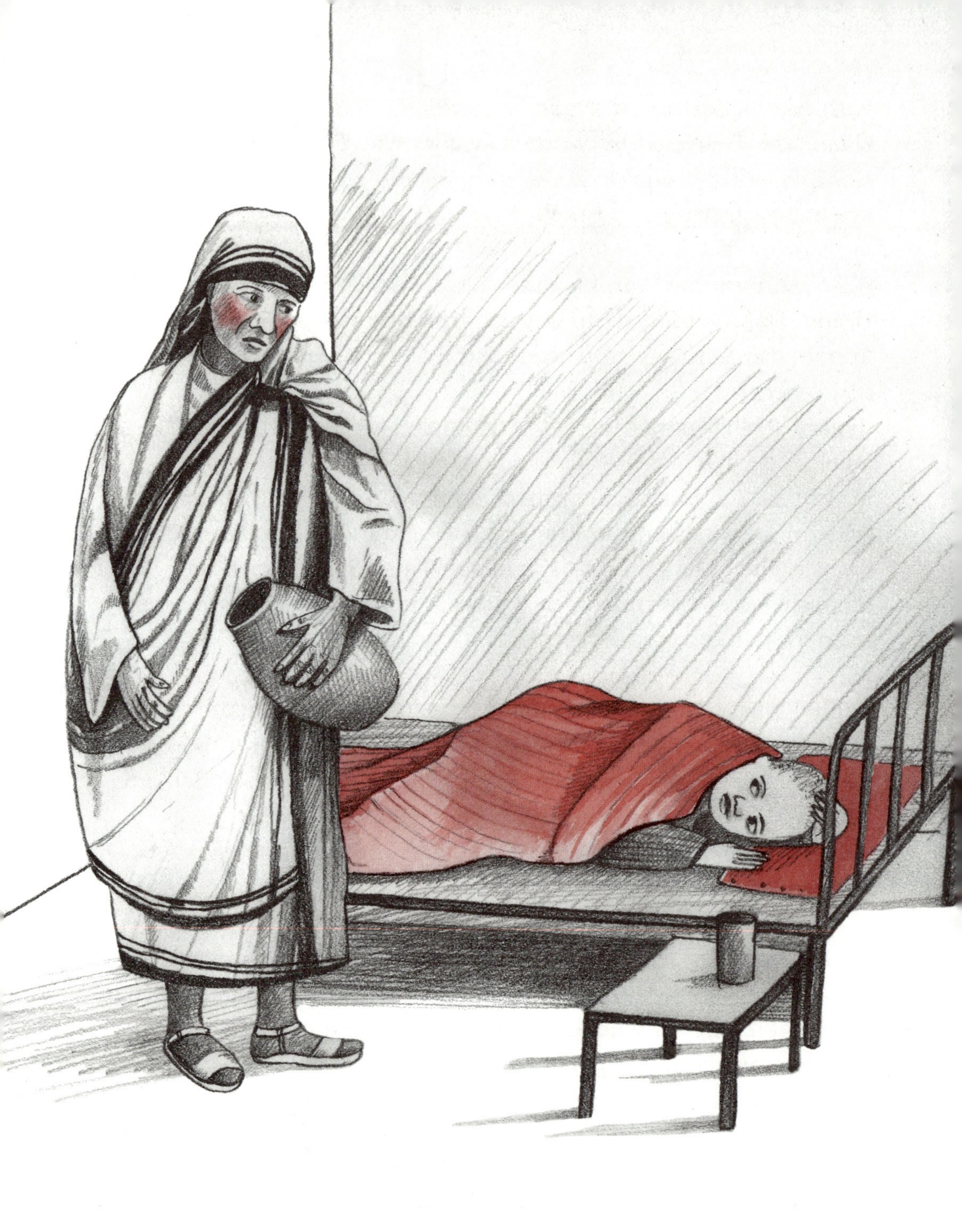

mal eine der Frauen, die gerade zwei schwere Krüge mit Wasser schleppte. Die Frau sagte ihr, dass sie Schwester Mary sei, und sie fuhr fort: »Wir alle sind Schwestern, und wir tun das, was unser Herr Jesus zu seiner Erdenzeit auch getan hat. Er hat den Menschen gedient.«
Von nun an wollte Raghni mehr über diesen Jesus wissen. Die Schwestern erzählten ihr viele Geschichten aus seinem Leben. Am meisten begeisterte es Raghni, dass dieser mächtige Herr Jesus seinen Jüngern die Füße gewaschen hat. »Bei uns würden die Reichen den Armen niemals die Füße waschen«, meinte sie.

Einige Wochen später bekam Raghni hohes Fieber. Ihr Kopf schmerzte. Sie konnte nichts mehr essen und war nur noch selten bei Bewusstsein. In ihren Fieberträumen schrie sie nach ihrer Mutter. Wenn Schwester Mary die fieberheißen Hände des kleinen Mädchens in die ihrigen nahm, wurde das Kind wieder ruhiger. Manchmal, wenn Raghni bei vollem Bewusstsein war, fragte sie: »Werde ich sterben?« Schwester Mary wischte den Schweiß von der Stirn des Kindes.
»Nur Gott weiß, wann jemand stirbt«, gab sie zur Antwort.
»Wie sieht Gott aus?«, fragte Raghni.
»Das wissen wir nicht. Noch niemand hat Gott gesehen. Dafür sind unsere Menschenaugen zu schwach. Aber in Jesus Christus ist Gott für einige Jahre sichtbar geworden. Durch Jesus hat uns Gott auch gesagt, wie wir Menschen leben sollen und dass wir besonders die Armen, die Kranken und die Kinder nicht vergessen dürfen.«

Raghni schloss die Augen. Die Fieberträume quälten sie von nun an immer weniger.
»Mutter«, sagte sie jetzt, wenn Schwester Mary an ihr Bett trat, und die Schwester ließ es geschehen.

Mit jedem Tag wurde das Kind schwächer. Raghnis Stimme war nur noch wie ein Hauch. Schwester Mary musste ihre Tränen verbergen, wenn sie das Menschlein ansah.
»Mutter, wenn ich dich sehe, dann sehe ich Gott«, flüsterte Raghni eines Tages. Es waren ihre letzten Worte. Die Schwester war tief bewegt. Die Worte des Kindes waren für sie der schönste Dank.

Noch am selben Tag starb Raghni. Sie schlief einfach ein. Auf ihrem Gesicht lag tiefer Friede. Raghni war jetzt für immer glücklich.

Die Jesus-Kommune

Das Leben in den Bergen Kolumbiens ist sehr einsam. Eine Frau nimmt sich der verlassenen Menschen an. Sie zeigt: Gemeinschaft soll im Gottesdienst gefeiert werden.

»Gott sei Dank!«, seufzte Padre Carlos, als das Pferd nach dem steilen Aufstieg den Bergkamm erreichte. Dort vorne sah er die Schule von Buena Vista.
Padre Carlos war müde, das Pferd auch. Begreiflich! Der lange Ritt. Dazu diese dünne Luft hier auf 3000 Meter Höhe.
»Das alles hätte man sich ja ersparen können«, brummte Padre Carlos vor sich hin. Wie oft hatte er dem Bischof gesagt, er solle nun endlich den alten Padre Juan ersetzen. Der achtzigjährige Missionar war schwach und krank. Er konnte die vielen abgelegenen Dörfchen und Weiler, die zu seiner Pfarrei gehörten, nicht mehr besuchen. Jetzt war die Bescherung da.

Der gute alte Padre Juan war offenbar auch nicht mehr klar im Kopf. »Er schickt geweihte Hostien wie Biskuitpakete in der Gegend herum«, schrieb der Bischof im Brief. »In Buena Vista soll es ganz schlimm sein. Ich bitte Sie, Padre Carlos, den Fall zu untersuchen und mir anschließend Bericht zu geben.«
Ärgerlich, dass er jetzt die Suppe ausessen musste.
Aber wenn der Bischof es nun einmal verlangte, musste er eben gehorchen.

Padre Carlos lenkte seinen Gaul auf das kleine Schulgebäude zu. Er hatte sich Buena Vista anders vorgestellt. Gewiss, die Aussicht war wunderbar. Der Name Buena Vista sagte es ja. Aber sonst gab es hier nicht viel zu sehen.

Nur die kleine Schule, daneben eine Hütte und ein winziger Acker. Die nächste Hütte lag schon wieder ganz weit weg.
»Eine einsame Gegend, wirklich eine einsame Gegend«, murmelte Padre Carlos und hielt das Pferd neben dem kleinen Schulhaus an. Er stieg aus dem Sattel und band den Gaul an einem Pfosten fest.

»Hallo, Padre! Guten Tag! Wie geht's? Eine Überraschung, Padre? Was gibt's?«
Padre Carlos drehte sich um. Vor ihm stand eine große, kräftige Frau. Kein Zweifel, das war die Lehrerin. Genau so hatte man sie ihm beschrieben.
»Guten Tag, Fräulein Elena! Wie geht's? Ja, eine Überraschung! Ich bin Padre Carlos. Ich muss mit ihnen sprechen.«
»Kommen Sie herein, Padre! Trinken Sie einen Kaffee! Ich schicke die Kinder hinaus. Sie sollen ein bisschen spielen, dann sind wir ungestört.« Die Lehrerin verschwand.

Padre Carlos zog den Überwurf aus und schnallte die Reithose ab. Aus dem Klassenzimmer ertönten Hurrarufe. Im nächsten Moment stürzten zehn, dreizehn Kinder zur Begrüßung auf Padre Carlos los.

»Ja, Frau Elena«, sagte Padre Carlos, als er den Kaffee getrunken hatte. »Eine dumme Sache. Sie müssen mir helfen, Frau Elena.«
Padre Carlos zog den Brief des Bischofs aus der Rocktasche. Er erklärte ihr, warum er gekommen war, und stellte seine Fragen.
»Ja sicher, Padre Carlos, haben wir das Allerheiligste hier. Schauen Sie, dort, wo das Öllämpchen brennt. Im kleinen Kästchen an der Wand.«
»Und wer hat es Ihnen gegeben? Padre Juan?«, fragte Padre Carlos streng.

»Padre Juan hat es mir nicht einfach gegeben. Ich habe es bei Padre Juan geholt. Ich habe ihn darum gebeten. Wir brauchen es. Wenn der liebe Gott nicht bei uns ist, sind wir so richtig verloren. Schauen Sie, Padre Carlos! Früher, wenn Padre Juan einmal an einem Sonntag im Monat zu uns kam, war es richtig schön. Die Leute kamen von weit her. Wir haben gemeinsam die Messe gefeiert. Wir haben miteinander geplaudert, diskutiert. Wir haben einander geholfen, einander beraten. Es war der einzige Tag im Monat, wo wir nicht einsam waren. Alle kamen zusammen. Jetzt sind wir wieder allein. Seit über einem Jahr ist Padre Juan nicht mehr zu uns gekommen. Er kann nicht mehr reiten. Er ist zu schwach. Alle sind wieder einsam und verbittert. Padre, so kann man hier nicht leben! Hier nicht!«

Padre Carlos saß da und schwieg. Hinter einer Fensterscheibe sah er drei Köpfe, die verstohlen ins Schulzimmer hineinschauten.
»Mira, Carmen, Sebastian, kommt herein!«, rief die Lehrerin. Verlegen betraten die drei Kinder das Schulzimmer.
»Seit einem Jahr, Padre, wohnen die drei Kleinen bei mir. Es sind meine jüngsten Kinder. Sie sind nirgends zu Hause. Draußen sind noch vier Buben und ein Mädchen, die seit Langem bei mir wohnen. Sie haben keine Eltern mehr, oder die Eltern haben sich zerstritten und sind weggelaufen. Niemand wollte für die Kinder sorgen.

Das darf man doch nicht tun, Padre! Ich habe sie bei mir aufgenommen. Sie müssen irgendwo zu Hause sein!«

Padre Carlos wurde richtig verlegen. Donnerwetter!, dachte er. Frau Elena sorgt für acht Kinder! Mit dem kleinen Lohn, den sie hier hat. Ist das menschenmöglich? Alle Achtung! Padre Carlos wollte etwas sagen, aber er konnte nicht. Die Worte blieben ihm im Halse stecken.

»Padre Carlos!«, fuhr jetzt die Lehrerin fort. Und Padre Carlos hatte Mühe, ihre Stimme wieder zu erkennen. Es klang so forsch, so bestimmt, so entschieden.
»Vor zwei Wochen war Weißer Sonntag. Ich bin zum alten Padre Juan geritten. Ich weiß nicht, ob es recht war. Ich habe ihm erzählt von Mira, von Carmen, von Sebastian. Von Alfonso und Isabel, die beide überhaupt noch nicht zur ersten heiligen Kommunion gehen konnten. Ich habe ihm gesagt, wie einsam wir sind. Wie verbittert und traurig die Leute geworden sind. Wie viele schon gestorben sind, seit er nicht mehr bei uns war. Ich habe ihn gebeten, mir das Allerheiligste mitzugeben. Für die Alten, für die Kranken, für die Sterbenden, für die Kinder hier. Padre Carlos, am Weißen Sonntag haben wir die Leute hergeholt. Sie sind wieder alle gekommen wie früher. Wir haben zusammen gebetet, gesungen, aus dem Evangelium vorgelesen. Wir haben Gott um Verzeihung gebeten. Die Kinder sind zur ersten heiligen Kommunion gegangen. Es war ein richtig schöner Sonntag. Es war wie früher. Alle waren glücklich ... Padre Carlos, wir brauchen das. Wir alle brauchen das hier, sonst sind wir verloren. Einer allein verbittert. Wenn wir aber am Sonntag hier zusammenkommen, dann sind wir ganz andere Menschen. Wenn wir da vor dem Allerheiligsten stehen und beten, dann sind wir nicht mehr allein. Wir wissen, dass Gott bei uns

ist und mit uns allen das Leben teilt. Wir gehören zusammen und ER gehört zu uns.«

»Gut, Frau Elena! Gut! Ich habe verstanden«, antwortete Padre Carlos. »Machen Sie sich keine Sorgen. Rufen Sie die Leute am Sonntag wieder zusammen. Tun Sie, was Padre Juan Ihnen gesagt hat. Das Allerheiligste bleibt hier. Wenn Sie keine geweihten Hostien mehr haben, dann gehen Sie wieder zu Padre Juan. Er soll sie ihnen geben. Ich werde unserm Bischof alles von Buena Vista erzählen. Er wird sich freuen. Und jetzt, Frau Elena, rufen Sie die Kinder zusammen. Wir wollen gemeinsam Eucharistie feiern. Wir halten zusammen und Gott hält zu uns.«

Jeannette

Ein Hausmädchen in Port-au-Prince, Haiti, kann sein Leben gestalten.

Ich heiße Jeannette Aidinaire und bin seit zwei Jahren Dienstmädchen bei Madame Claire Guillaume in Port-au-Prince.
Das ist die Hauptstadt von Haiti. Ich war zehn Jahre alt, als mich meine Mutter zu Madame brachte. »Da brauchst du nicht zu hungern«, sagte sie. »Du kannst sauber machen, waschen, einkaufen, zwei Kinder versorgen und in der Küche helfen. Sei brav und folgsam. Es ist ein großes Glück für dich!«
Bis zu meinem zehnten Lebensjahr lebte ich in La Sauna, einem Slum, das heißt einer Barackenstadt von Port-au-Prince. Dort wohnen unsäglich viele arme Menschen, und es gibt eine Menge Kinder. Die Hütten sind aus Blech oder Brettern. Wenn es regnet, rauscht das Wasser von oberhalb der Stadt in den Slum herunter. Alles steht dann unter Schlamm. Abfälle und Morast stinken fürchterlich.
An meinen Vater kann ich mich nicht erinnern. Meine Mutter musste sich mit fünf Kindern allein durchschlagen. Sie kocht Mais und Bananen auf einer offenen Feuerstelle und verkauft das Essen an andere Leute. Da aber alle so arm sind, hat sie nicht viele Kunden. Wir mussten viel hungern. Wenn ich Leute beobachtete, die gut aßen, wurde ich neidisch. Dann sagte ich: »Mutter, gib uns doch auch so ein Essen!« Wir Kinder weinten oft, weil nie genug da war. Wir stritten uns um jeden Bissen und machten unserer Mutter das Leben schwer.
Meine Spielkameraden beneideten mich um meinen Job bei Madame. Violette, meine Freundin, sagte: »He, in einem Haus mit Treppen und Fenstern wirst du wohnen. Du wirst Weißbrot und Fleisch essen und schöne Kleider tragen.« Richtig eifersüchtig war sie auf mich.

Meine Mutter brachte mich zu Madame. Vorher wusch ich mich an einer öffentlichen Wasserzapfstelle. Wir hatten mal wieder kein Geld für Seife. Eine Nachbarin lieh mir ein winziges Stück. Meine Mutter sah nach, ob meine Ohren und mein Hals auch sauber waren. Die Hände waren es nicht. Die musste ich mir nochmals waschen und mit einem Nagel die schwarzen Ränder unter den Fingernägeln wegkratzen.
Ich war sehr aufgeregt. Auf dem Weg zur Madame lief ich immer ein Stück voraus. Als wir jedoch vor ihrem Haus angekommen waren, drängte ich mich an meine Mutter. Mir war plötzlich ganz komisch zumute. Das große Haus verwirrte mich. In der ganzen Straße standen nur Steinhäuser. Da gab es keine einzige Wellblechhütte, auch keinen Schlamm und keine Müllberge. Die Häuser waren hoch und hatten viele Treppen. Die war ich überhaupt nicht gewohnt, denn bei uns kommt man von der Straße her gleich ins Haus.
Neben der Tür waren Schilder und Knöpfe. Die Schilder konnten wir aber nicht lesen. Deshalb drückten wir auf den falschen Knopf. Ein Mann schaute aus dem Fenster und rief: »Wo wollt ihr denn hin?«
»Zu Madame Guillaume«, antwortete meine Mutter.
»Die wohnt im zweiten Stock«, knurrte der Mann. Er war ziemlich unfreundlich. Zum Glück kam in diesem Augenblick eine Nachbarin von Madame. Die lachte und zeigte uns den Weg nach oben. Da war schon wieder eine Tür mit einem Knopf. Doch jetzt ging alles schnell. Madame öffnete selbst. Hinter ihr standen zwei Kinder, ein kleiner Junge und ein etwas größeres Mädchen.
»Das ist Jeannette, unser neues Dienstmädchen«, stellte Madame mich ihnen vor. Sie führte uns in ein Zimmer. So etwas hatte ich noch nie gesehen. Auf dem Fußboden lagen weiche Tücher, von denen ich später erfuhr, dass es Teppiche waren. Ich wagte

kaum, meine Füße darauf zu setzen. In dem Zimmer standen auch schöne Möbel. An den beiden Fenstern hingen weiße Vorhänge und auf dem Tisch standen Blumen. Zu Hause hatten wir die Wände mit Bildern aus Illustrierten beklebt, aber hier hatten alle Wände ein Kleid aus dem gleichen Papier mit Blumen darauf.
Meine Mutter sagte: »Madame, ich danke Ihnen so sehr. Jeannette wird fleißig und gehorsam sein. Mit fünf Kindern wusste ich oft nicht weiter.«
Ich erfuhr, dass meine Mutter für meine Arbeit als Dienstmädchen Altkleider bekommen soll. Ab und zu dürfte sie vorbeikommen und mich abholen. Meine Mutter war sehr zufrieden. Jetzt hatte sie wenigstens einen Esser weniger. Als Madame ihr noch etwas Geld gab, bedankte sie sich vielmals und ging schnell fort. Ja, und dann war ich Dienstmädchen ...
Madame war sehr streng mit mir. Ich musste viel lernen. Alles in diesem Haus war ja so fremd für mich, so ganz anders als in La Salina! In der Wohnung gab es Wasser aus Rohren in der Wand. Da stand kein Latrineneimer. Es gab ein Bad und ein WC. Ich durfte die Abfälle nicht einfach auf die Straße werfen. Ich musste sie in einem Eimer in die Mülltonne im Keller tragen. Im WC vergaß ich in der ersten Zeit mehrmals das Nachspülen. Madame wurde da ganz böse und nannte mich »ein Schwein«.
Ich musste mich jeden Morgen waschen und kämmen und meine Sachen ordentlich in einen Schrank legen. Da Madame morgens zur Arbeit ging – einen Mann hatte sie nicht –, war ich mehrere Stunden mit den beiden Kindern allein. Die wollten immer, dass ich mit ihnen spiele. Das hätte ich auch gern getan. Aber es war so viel zu tun. Ich musste das Geschirr abwaschen, die Betten machen, das Badezimmer reinigen, Lebensmittel einkaufen, Gemüse fürs Mittagessen richten, den Tisch decken, den Müll in den Keller schaffen, Milch für die Kinder warm machen, Wäsche

sortieren und einweichen, es gab sehr viel zu tun. In der ersten Zeit hatte ich auch viel Pech. Ich kannte nur offene Holzkohlenfeuer, aber keinen elektrischen Herd. Als ich eine Glasschüssel auf die Platte setzte, zersprang sie. Mit dem vielen Geschirr hatte ich meine liebe Not, und mit den Flaschen kannte ich mich nicht aus. Was es da nicht alles gab: Flaschen mit Schaum für das Abwaschwasser, andere für das Badewasser, Pflegemittel für die Möbel, für die Fenster, Flaschen mit Insektenspray und andere für den Körper der Menschen oder für die Haare. Einmal legte ich alte Zeitungen über den Teppich, damit er keine Flecken bekommt. Madame schimpfte und ich musste alles wieder wegräumen.
Das Einkaufen war auch recht schwer. Ich sollte alles, was ich ausgebe, auch aufschreiben. Als Madame hörte, dass ich nur ein halbes Jahr zur Schule gegangen war, seufzte sie und sagte: »Das habe ich jetzt für mein gutes Herz. Nun muss ich mich mit drei Kindern abplagen.«
Abends war ich immer sehr müde. Aber nach und nach lernte ich manches. Ich konnte mit den elektrischen Geräten umgehen, die Fenster putzen, bügeln, Suppe kochen, Tee und Kaffee zubereiten und vieles mehr.
Wenn Madame mittags nach Hause kam, legte sie sich zuerst etwas hin, hörte Musik oder las in einem Buch. Während dieser Zeit hatte sie es gern, wenn die Kinder und ich nicht in der Wohnung waren. Dann kochte sie etwas und zeigte mir auch, wie man das macht. Wir aßen erst später. Nein, hungern musste ich nicht. In der ersten Zeit aß ich viel und schnell. Ich hatte immer Angst, dass Madame die guten Sachen mit den Worten vom Tisch nehmen würde: »Das heben wir für morgen auf.« Als ich sah, dass immer genug vorhanden war, aß ich langsamer und mit der Zeit auch weniger. Ich lernte auch mit Messer und Gabel zu essen.

Viola, das kleine Mädchen der Madame, sagt manchmal: »Jeannette, erzähl von deinen Geschwistern und von La Salina.« Was soll ich da viel erzählen? Madames Kinder ahnen nicht, wie schrecklich es im Elendsviertel ist, sie können sich das nicht vorstellen, diesen Schlamm, den Hunger und die vielen Krankheiten, unter denen besonders die Kinder leiden.
Madame sieht es nicht gern, wenn ich meine Familie besuche. Ich könnte Krankheiten oder Ungeziefer in die Wohnung schleppen, meint sie.
Meine Mutter kommt wohl ab und zu. Dann gibt ihr Madame alte Kleider, manchmal auch Essensreste und etwas Geld. Meine Mutter hat wieder ein Baby. Sie ist froh, dass wenigstens ich gut untergebracht bin und schon viel gelernt habe. Wenn meine jüngere Schwester zehn Jahre alt ist, will sie ihr auch so einen Job suchen. Es ist viel besser, ein Dienstmädchen zu sein, als betteln zu gehen.
Ich wünsche, dass meine Schwester auch so eine Stelle findet, wie ich sie habe.

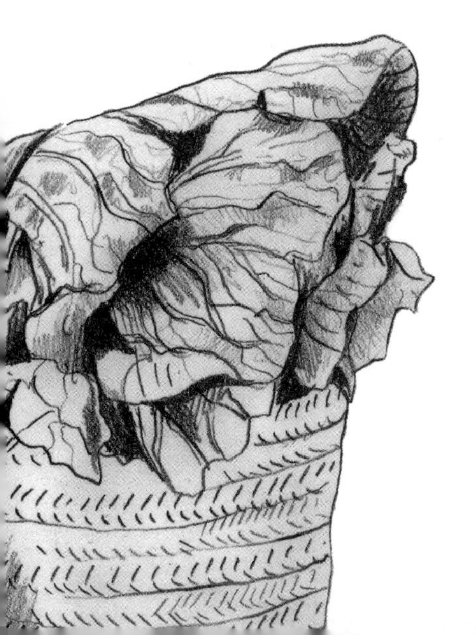

Die Bubenstadt

EINE HEIMAT FÜR ENTWURZELTE IN ECUADOR, WO SICH DIE KINDER ENTFALTEN KÖNNEN.

»Der ist doch höchstens zehn Jahre alt«, sagte die fremde Frau und zeigte auf mich. »Der ist ja noch ein Kind!«
Ich war wütend. Am liebsten hätte ich sie gebissen. Ein Kind war ich nie. Und jetzt hatten sie mich beim Klauen erwischt, und ich war im Kittchen. Nur eine Taschenlampe wollte ich mitgehen lassen. Schön blöd war das alles. Diese Missgeburt von Polizist hatte mich ins Bezirksgefängnis gebracht. Richtig zur Sau machte er mich. Nein, Angst hatte ich keine. Wer sich allein durchschlägt, kennt jeden Dreck.
Im Kittchen waren 160 Männer, einige schon grau und alle ganz schön auf Draht. Puma zum Beispiel, das war vielleicht ein Kerl! Zuerst hatte er mich in die Zange genommen. »Ricardo, hol Wasser, Ricardo, gib mir von deinem Fraß, Ricardo, lenk die Wache ab«, so ging es den ganzen Tag. »Wer klaut«, sagte Puma, »muss gerissen sein. Du bist zu doof, musst noch viel lernen.« Puma saß wegen Totschlags im Kittchen. Er verriet mir manchen Trick.
»Wie heißt du?« Da war wieder die Stimme der fremden Frau. Eine ganz fromme war das, eine Ordensschwester mit weißer Hautfarbe und einem langen Kleid. Was die nur hier wollte?
»Die Frau ist in Ordnung«, sagte Puma, »kommt jede Woche. Mir bringt sie Medizin und manchmal auch Nachricht von meiner Liebsten.« Er lachte brüllend.
»Aber sie ist eine Fromme.«
»Na, und? Die fragt uns keine Löcher in den Bauch. Die hilft wirklich. Schlabbernase war einmal krank. Einen Arzt bekommen wir hier doch nicht zu sehen. Wenn die Frau nicht gekommen wäre,

was weiß ich, krepiert wäre Schlabbernase, so stand es um ihn. Aber sie brachte ihn wieder auf die Beine. Überhaupt, ohne die Schwester bekämen wir keine Nachricht von draußen.«

Ich war immer noch nicht so recht überzeugt und blickte die Schwester misstrauisch an.

»Du willst mir also deinen Namen nicht sagen?«

»Ricardo heißt der«, antwortete Puma für mich. »Er ist erst seit einer Woche hier. Trieb sich im Hafenviertel herum und wurde beim Klauen erwischt. Die kleine Ratte war nicht flink genug.«

»Der muss hier raus«, sagte die Frau. »Was er hier lernt, kann ich mir vorstellen. Auf jeden Fall nichts Gutes. Ein Kind unter Männern. Das ist empörend.«

Puma unterdrückte ein Lachen.

»Kittchen ist Kittchen«, rief er, »du kannst ihn ja in eine Schule bringen.«

»Ja«, sagte die Frau. »Zur Ciudad de los Muchachos« (Bubenstadt). »Achtzig straffällig gewordene oder elternlose Jugendliche leben dort. Sie sind zwischen zehn und zwanzig Jahre alt, gehen zur Schule, werden Schreiner, Landwirt oder Schlosser und finden später bezahlte Arbeit. Ricardo, willst du das?«

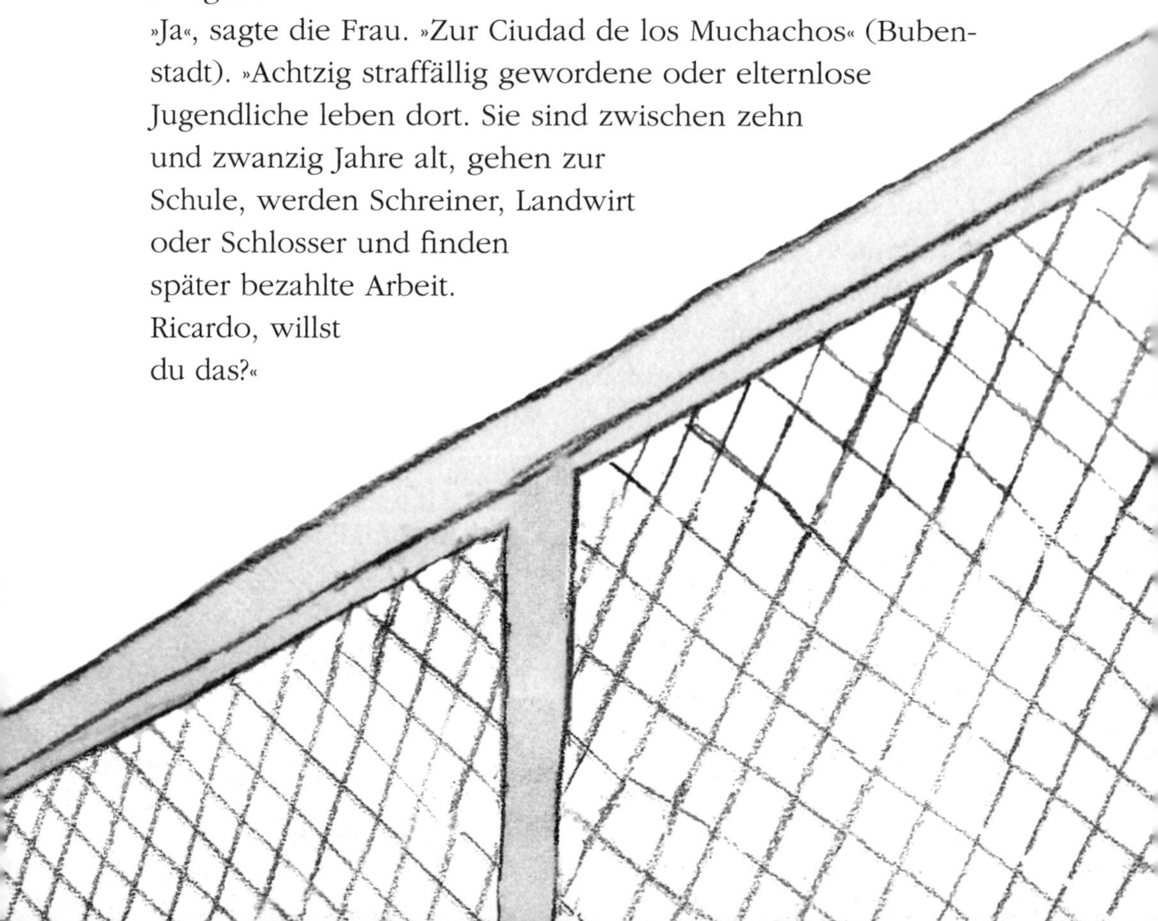

Ich sah die Frau von der Seite her an. Sie hatte viele kleine Falten in ihrem mehlweißen Gesicht. Ich selbst bin schwarz, ein Schwarzer, wie die meisten Kinder in der Hafenstadt Esmaraldas.
»Junge, ich fragte dich, ob du das willst.«
»Ist doch alles beschissen», gab ich zur Antwort. Im Kittchen wollte ich auch nicht mehr bleiben. Deshalb sagte ich: »Geht in Ordnung.«
Die fremde Frau hatte noch einige Unterredungen mit dem Direktor des Bezirksgefängnisses. Der war eigentlich ganz froh, dass er mich los wurde. Er knurrte nur: »Wenn er wieder straffällig wird, bleibt er Jahre hier.« Er gab der Schwester meine Karte. Darauf stand: »Name der Eltern: Unbekannt. Kann nicht lesen und schreiben, ist frech, wurde beim Diebstahl erwischt. Kriminelle Veranlagung.«
Die Frau, alle nannten sie »Schwester«, brachte mich »kriminelle Veranlagung« in die Bubenstadt. Da gab es viele kleine Häuser, keine Pfahlbauten wie die im Hafen. Die Häuser waren sauber. Die Kinder übrigens auch. Ich schämte mich ein wenig und kratzte mir den Schmutz vom Gesicht. Da war aber nichts zu machen. Der Schmutz saß fest, hatte sich schon ganz in die Haut eingefressen. Meine Haare waren verfilzt und voller Läuse.
Die Frau brachte mich wieder zu einem Direktor. Der war anders als der im Gefängnis. Er sah mich nur an und sagte: »Erst zehn Jahre alt? Da liegt das ganze Leben ja noch vor dir. Wir meinen es gut mit dir.«
Noch nie hatte es jemand wirklich gut mit mir gemeint. Auf solche blöden Worte fiel ich nicht herein. Ich sagte aber nichts, starrte nur auf den Boden und schwieg.
Sie gaben mir Kleider und führten mich in einen Waschraum. »Ich musste mir den Schmutz regelrecht vom Körper kratzen.« Zum Glück gab es viel Seife. Sie brachten mir auch ein Mittel gegen die Läuse. Es stank fürchterlich. Deshalb brachten sie mich

a b c d e f g

auch nicht gleich zu den anderen Buben. Ich kam in ein Zimmer mit einem Bett und langweilte mich. Doch dann probierte ich das Bett aus. Ich hatte noch nie in einem Bett gelegen. War das vielleicht komisch. Ich sprang immer wieder hinauf und hinunter. Das war toll.
Später kam ich in eine Wohngemeinschaft mit der Nummer vier. Wir waren zehn Buben, die zusammen aßen, schliefen, lernten und spielten. Sebastiano war unser Sprecher. Er wohnte schon seit vier Jahren in der Bubenstadt und war in unserer Wohngemeinschaft verantwortlich für Sauberkeit und Ordnung. Sebastiano hatte nur einen Arm. Der linke Arm wurde ihm mit einem Haumesser abgeschlagen, als er noch ein kleiner Junge war.
Nach und nach erfuhr ich die Lebensgeschichte der anderen Buben unserer Wohngemeinschaft. Jos wurde als Baby halbtot in einem Abfalleimer gefunden. So etwas kommt manchmal vor in Esmaraldas. Da ihn niemand haben wollte, behielten ihn die Schwestern, bis er zehn Jahre alt war. Anibald ist weiß. Er kommt aus Kolumbien. Im Gepäckraum eines Autos schlug er sich bis nach Ecuador durch. Zuerst bettelte, dann stahl er. Später war er im Gefängnis wie ich, aber nicht nur acht Tage, sondern acht Monate lang. Seranito ist ein Indianer aus dem Hochland. Er kam mit seinem Onkel in die Hafenstadt. Als der Onkel starb, kümmerte sich niemand um ihn. Pedro und Emilio sind Brüder, Kinder einer ganz jungen Schwarzen, die nicht mehr weiter-wusste. Jakobos Vater ist im Gefängnis. Seine Mutter kennt er nicht. Vincentio kennt keinen Vater. Er lebte bei einer alten Tante. Als er drei Jahre alt war, gab ihm diese Tante so viel Schnaps zu trinken, dass er fast gestorben wäre.
Die Lehrer hier sind Patres und Brüder. Nein, komisch sind die nicht! Die reden auch nicht ständig fromm daher, sondern zeigen uns vieles. »Die Bubenstadt hat keine Gitter und Zäune«, sagen sie. »Hier ist jeder, der die Chance ergreift, ganz freiwillig.

Zuerst die Grundschule, später könnt ihr einen Beruf lernen. Wer etwas kann, der findet auch Arbeit.«

Ich wünsche mir eine abgeschlossene Berufsausbildung, denn ich bin gern in der Schule. Die Schreinerwerkstatt begeistert mich ganz besonders. Dort bekommen sie sogar Aufträge von auswärts, denn die Meister achten darauf, dass nur gute Qualitätsarbeit abgeliefert wird. Während der Lehrzeit bekommen die Jungen einen Lohn. Etwas Taschengeld wird ihnen gleich gegeben. Alles andere Geld wird gutgeschrieben. Sie erhalten es später als Start fürs Leben.

Unsere Grundschule wird auch von Kindern der Stadt besucht, die ein richtiges Zuhause haben. Aber das haben wir jetzt ja auch.

Nachmittags arbeite ich in der Gärtnerei oder in der Landwirtschaft. Bananen, Gemüse und Schweine sind für unsere Küche. Etwas davon verkaufen wir auch. Unser Essen ist gut.

In der freien Zeit treiben wir Sport und spielen. Wir lachen viel und necken uns. Nur handgreiflich dürfen wir nicht werden. »Das ist vorbei«, sagt der Direktor. »Hier in der Bubenstadt gilt nicht mehr das Recht des Stärkeren. Hier hat jeder seinen Platz.«

Vor Kurzem kam wieder ein Neuer, ein ganz dünner Kerl, der immer zittert und nichts spricht. Wir sollten ihm Zeit lassen, wurde uns gesagt, der Junge hätte furchtbar Schweres erlebt. Wir sollten ihn nicht danach fragen; wenn er wollte, würde er es später von selbst erzählen. Aber der Kerl spricht nie, dabei ist er nicht dumm. Wenn ich ihm die Häuser und die Werkstätten zeige, sieht er sich alles gut an. Sobald Erwachsene kommen, beginnt er zu zittern. Er will sich dann immer verstecken.
In der Landwirtschaft, bei den Tieren, da lächelt er manchmal. Na ja, denke ich, so richtig lachen wird er schon lernen. Bei mir hat es auch lange gedauert, aber jetzt kann ich mich richtig freuen. Ich bin gern in der Bubenstadt.

Thema und Handlungsort der Geschichten

	Ort	Thema
1. Zwei Lichter in der Nacht	Südliches Afrika	Getauft als Christ
2. Schwester, ich will beichten	Uganda	Versöhnung
3. Die schmutzige »Ratte«	Kolumbien	Umkehr
4. Komm zurück, Papa!	Südafrika	Buße
5. Schick das Mädchen fort!	Brasilien	Brot teilen
6. Vater feiert die halbe Messe	Tschad	Eucharistie
7. Die Nacht der Entführung	Panama	Hingabe des Lebens
8. Gott hält alle über Wasser	Brasilien	Gottvertrauen
9. Mutter, jetzt sehe ich Gott	Indien	Sterben
10. Die Jesus-Kommune	Kolumbien	Gottesdienst feiern
11. Jeannette	Haiti	Sein Leben gestalten
12. Die Bubenstadt	Ecuador	Gemeinschaft leben